赴美留学与
求职攻略

★〔美〕肯·詹逊 著

杨岱若 译

Fumei Liuxue yu Qiuzhi Gonglue

厦门大学出版社
XIAMEN UNIVERSITY PRESS 国家一级出版社
全国百佳图书出版单位

图书在版编目(CIP)数据

赴美留学与求职攻略/(美)肯·詹逊著;杨岱若译.—厦门:厦门大学出版社,2020.8

ISBN 978-7-5615-7304-4

Ⅰ.①赴… Ⅱ.①肯…②杨… Ⅲ.①留学教育—概况—美国②就业—概况—美国 Ⅳ.①G649.712.8②D771.282

中国版本图书馆 CIP 数据核字(2019)第 022788 号

出 版 人　郑文礼
责任编辑　吴兴友
封面设计　李嘉彬
技术编辑　朱　楷

出版发行　厦门大学出版社
社　　址　厦门市软件园二期望海路 39 号
邮政编码　361008
总　　机　0592-2181111　0592-2181406(传真)
营销中心　0592-2184458　0592-2181365
网　　址　http://www.xmupress.com
邮　　箱　xmup@xmupress.com
印　　刷　厦门市明亮彩印有限公司

开本　720 mm×1 000 mm　1/16
印张　12.25
字数　201 千字
版次　2020 年 8 月第 1 版
印次　2020 年 8 月第 1 次印刷
定价　42.00 元

厦门大学出版社
微信二维码

厦门大学出版社
微博二维码

本书如有印装质量问题请直接寄承印厂调换

前 言

为何要读这本书？众多学子梦想赴美深造，可是复杂的申请流程常常让人摸不着头脑。而来到美国，他们又面临一大难题：如何利用各种机会在学识、社交和情感方面不断提升自己。通常，他们花费数千元请留学机构代为寻找目标院校，但留学机构找的院校往往不符合学生的实际需求；而且当学生到达美国时，留学机构一般不会提供任何后续服务。

尽管国内互联网能提供大量信息，但这些信息往往只推销某几所特定院校，其客观性和完整性还有待商榷；而且很多网站信息编辑人员从未在美国接受过大学教育，甚至从未去过美国，因而也难以提供更实用的信息。学子们迫切期待拿到一本客观、权威的赴美留学和求职指南。本书旨在为有赴美留学意向的学生和家长提供前期准备、留学期间和后期工作的相关指导。本书的内容来自知名的美国刊物，包括各类学术期刊、知名报纸杂志，如《纽约时报》《华盛顿邮报》《洛杉矶时报》《美国新闻与世界报道》《国际教育协会》《彼得森美国大学指南》等等。书中内容详尽，客观真实。我们不会"推销"任何一所美国院校，而是力求提供最佳信息，旨在帮助学子们做出富有个性的重大决定。

肯·詹逊

2019.12

目 录

第三部分 留学和职业生涯

第四部分 前期准备：选择学校

第五部分　留学期间：充分利用赴美留学时光

引　言

你想去美国留学吗？那就加入留学大潮吧！美国是中国学生留学的首选国家。然而想要凭借美国文凭找到一份好工作、开始一份满意的事业并不容易。海外归国人数不断增长，意味着美国文凭不再像过去那样吃香。事实上，海外归来的学子过去被称为"海龟"，如今常被称为"海带"。很多留学生归国时怀揣名不见经传的美国院校的毕业证，英语能力也没有显著提高。很多"海带"发现，在国内的就业市场上他们并不具备任何竞争优势。

很多出国留学攻略仅仅关注如何被美国学校录取，而本书的目标更为远大：如何最大限度地利用留学经历来开创你梦想的事业。

本书将留学经历置于明确的职业规划背景下，通过提供切实可行的步骤指导留学生树立明确的职业目标，并制定实现这些目标的策略，其中涵盖前期准备、留学期间及后期工作。有了明确的策略才能最大限度地发挥个人价值和职业价值，找到最佳机会，在竞争激烈的就业市场中脱颖而出并开启理想的职业生涯。

第一部分为"美国教育体制"。第一章讲述美国的教育。美国高水平院校数量众多，因此成为海外留学的首选地。

第二部分为"教育移民"。第二章讲述美国（作为移民目的地）接纳移民的悠久历史，以及当下中国学生如何从长远的职业生涯角度战略性地规划海外留学。

第三部分为"留学和职业生涯"。本部分的三章将海外留学置于长期职业规划的大背景下，留学只是追求个人发展和实现职业目标的一块踏脚石。第三章讨论职业生涯规划的重要性。第四章介绍职业生涯规划步骤，指导如何将留学经历打造成职业生涯有意义的组成部分。本章强调：没有计划的梦想只是空想。职业规划需要策略，这一点简单明了：如果不知道要去哪里，就永远不可能到达目的地。第五章提供一些自我评估练习，以助于认识自己，从而开始规划职业生涯。

第四部分为"前期准备：选择学校"。第六章讲述如何系统地选择要申请的学校。一个重要的方法是参考学校的排名，但排名不是唯一的考虑因素。最重要的是选择一所真正"适合"的学校，而与学校的排名无关。第七章以很多美国大学最常用的通用申请表为例，解释如何填写学校申请表。本章重点关注个人陈述的写作。个人陈述通常是根据相应院校规定的话题写的一篇500字左右的文章。

第五部分为留学期间：充分利用赴美留学时光。这一部分着眼于美国丰富的教育机会和教育经历，例如可以通过参加各种活动来提升自己（技能、经验、兴趣、知识等方面）、熟悉文化知识、拓展职业人脉和机会，从而更轻松也更全面地融入美国职业环境和就业市场。但利用这些机会的前提是要克服文化冲击。第八章考察文化冲击。恐惧、误解、异化感和缺乏信心导致很多中国留学生初到美国时不敢跨出寝室门和图书馆，无法融入美国社会。因此，他们交不到很多朋友或者很难完全适应美国的生活。第九章讨论美国式的"书本智慧"，即在美国研究和学习的不同风格和方法。美国人注重学生的课堂参与度、创造性思维、大量的研究论文和阅读书目，所有这些都给习惯了应试教育的中国学生带来巨大的挑战。第十章讨论"街头智慧"。在美国留学的另一要点就是培养"街头智慧"：积累经验，扩大与美国和其他国家的友人及专业人士的交际圈，充分利用美国校园众多的学生支持服务。"街头智慧"是"书本智慧"的补充，既宝贵又实用，有助于培养成功就业所需的自信心和社交技能，以及拓展社交网络。

第六部分为"出国留学后工作前的过渡阶段"。留学时光终会结束，接下来就是从学生生活过渡到职业生涯。对很多中国人，尤其是那些工作经验有限又生活在异国他乡的人来说，这是职业生涯中最艰难的一个阶段。但能够顺利度过这个阶段是将教育投资转化为有利回报的关键。第十一章介绍如何写简历和求职信，以及如何在面试中体现出自己海外留学的价值。最后，第十二章提供在跨国公司寻找工作机会的相关信息，以充分发挥海外留学经历的价值。

第一部分
美国教育体制

第一章

教育——实现个人梦想的阶梯

美国繁荣的根源，从来不在于积累财富的能力，而是如何教育人民。今天的美国尤其如此。"在 21 世纪的世界……最好的就业资格不是你做了什么，而是你懂得什么——教育已然不是通往机会和成功的途径，而是一个先决条件。"①

自美国建国以来，教育就一直被视为实现美国梦、提升其文化价值的关键因素。要理解美国教育的目的和目标，就必须熟悉美国教育的一些哲学基础。

一、美国的教育哲学

对美国人来说，教育广义上有两个目的。第一个目的是自我完善——充分挖掘个人潜质。英文单词 education 来自拉丁文 *educare*（意思是"教育"）和 *educere*（意思是"使显现""显露内在""展现潜能"）以及 *ducere*（意思是"引导"）。一个受过教育的人可以更好地展现自己独特的天赋、技能和性格，从而捍卫自由、平等、独立和实现自我。

教育的第二个主要目的是促进社会进步，以及民主的正常运作。托马斯·杰斐逊提倡免费的公共教育是民主共和国的必要基础。民主国家的公民在政府管理方面负有社会责任。他认为民主只有在人民都接受教育的情况下才能实现。此外，一个受过教育的社会面对变化（创新性的）时会更灵活，更易适应，更加包容，更有前瞻性。

教育这两大目的——自我完善和社会进步——都体现在三个主要的教育理念中，它们是博雅教育、全人教育和体验式教育。这三个理念深刻影响当今

---

① 美国青年创业（YEA），参见 http://youthentrepreneurshiplady.wordpress.com/2009/03/10/obamas-education-speech-today-at-hispanic-chamber-of-commerce-some-key-quotes-on-preparing-youth-for-economy-and-more/（2010 年 4 月）。

美国学校的办学风格和教育手段。

1.博雅教育①

博雅教育是一种学习方法,它培养个人能力,使个人具备处理复杂、多样和多变问题的能力。它使学生对更广阔的世界(如科学、文化和社会)有广泛的了解,并在感兴趣的领域内进行深入的研究。博雅教育帮助学生培养社会责任感并掌握强大的、可转移的知识和实践技能,如沟通技能,分析、解决问题的技能以及在现实世界中应用知识和技能的能力。

博雅教育的概念起源于欧洲启蒙时期(18—19世纪)。这一时期,人们非常重视"开放思想",重视通过教授各种学科(包括历史、艺术、音乐、文学等)知识培养人文精神。这种教育理念不仅能够释放个人潜力和创造力,还能提高社会适应性、创新性与和谐度。

经常混淆的术语

①博雅教育

博雅教育是一种学习方法,它培养个人能力,使个人具备处理复杂、多样和多变问题的能力。它使学生对更广阔的世界(如科学、文化和社会)有广泛的了解,并在感兴趣的领域内进行深入的研究。博雅教育帮助学生培养社会责任感并掌握强大的、可转移的知识和实践技能,如沟通技能,分析、解决问题的技能以及在现实世界中应用知识和技能的能力。

②人文学科

人文学科是特定学科,如文史哲。这些学科的课程旨在使学生在不同的研究领域内拥有广泛的知识,以拓宽他们的知识面并加深对科学和文化成就的认识。文科课程往往与专业和职业课程形成对比,后者旨在教授特定工作或职业(如农业、医学、工程、法律)所需的知识和技能。

③文理学院

一种特殊的院校类型,通常规模较小,实行寄宿制,有助于培养师生

① 什么是博雅教育? 博雅教育与美国的希望(LEAP),参见 http://www.aacu.org/leap/what_is_liberal_education.cfm。

之间亲密的关系,并且非常关注人文学科。

④通识教育

博雅教育中所有学生都参与的部分属于通识教育。学生能广泛接触各种学科,为培养重要的智力与公民意识打下基础。通识教育也可称为"核心课程制"或"通识科"。

随着文理学院的创建,博雅教育的理念付诸实践。很多本科生项目会效仿文理学院的模式,要求学生选修各种不同的学科(通常指通识教育类课程),以培养全方位的知识、技能和强烈的社会责任感。在小教室里,鼓励一年级和二年级的学生分享他们的看法和经历,并且从他人的经历中获取知识。教师主要是提供指导,要求学生广泛阅读,形成自己的观点并且积极参与课堂讨论。三年级和四年级的学生一般则专注于某一专业学科领域。

美国大学协会指出:这种博雅教育的方法——在很多大学都已能见到——消除了文科(即与职业培训无关的课程)与实用学科(即与职业培训相关的课程)之间人为产生的差别。博雅教育是一种实用的教育,因为它培养的正是每个会思考的成年人所需的能力——分析能力、有效沟通能力、实践能力、道德判断及社会责任感。①

2.全人教育:教育整个人

博雅教育的基础是"全人"教育的概念。全人教育指的是不仅要开发大脑,还要锻炼身体、提升精神。在学校,所有的学生必须学习诸多学科,包括数学、科学、历史、文学、哲学、宗教、音乐、艺术和体育,目的是得到"全面"发展,并且有机会发展"全"人(大脑、身体和精神)。

全人教育的理念深受美国心理学家亚伯拉罕·马斯洛的研究的影响。他普及了一个概念,即所有人都有"需求层次"。根据马斯洛的理论,所有人的需求都是一样的(如图 1-1 所示)。马斯洛认为,人一般只有先满足了较低层次的需求,才能进而满足较高层次的需求。当一个人逐步满足了各个层次需求

---

① 《更高的期望:一个民族上大学时学习的新面貌》,美国大学协会,2002。

时,最终会到达顶峰——自我实现。

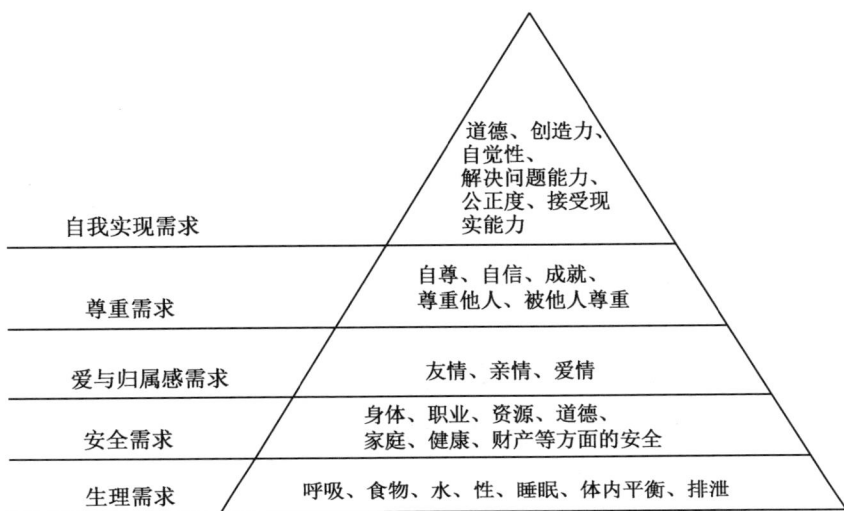

图 1-1 需求金字塔

马斯洛的需求层次理论始于最基本的生理需求,在这个层次,人们寻求食物与水,维持呼吸和睡眠等基本功能。一旦这个层次的需求得到满足,人们就可以继续满足更上一层次的安全需求,试图获得安全感、身体舒适以及住所、工作和财产。再上一个层次是爱与归属感需求,人们会努力争取归属感、异性亲密感,也许还希望组建家庭。然后是尊重需求,人们需要有一种能力感,希望得到伙伴对自己成就的认可和他人的尊重。自我实现是指充分发挥自己的潜力。生活中真正的幸福和满足无法简单地通过满足物质需求(层次较低的需求)来实现,而只有在一个人的需求上升到高层次的需求,满足归属感(关系)和尊重需求后,才能最终满足自我实现需求。

很多人(尤其是年轻人)认为金钱可以买到幸福。他们错误地认为,只要自己拥有了足够的钱(或很多钱),所有的问题都可以迎刃而解,他们从此就可以过上幸福生活。但金钱买不到真正的幸福——它只能买到物质的东西,只能让拥有金钱的人生活舒适。正如马斯洛需求层次理论所示,金钱只能满足生理需求和安全需求(上文需求金字塔的底层),无法满足更高层次的需求,比如爱与归属感需求(如友情和亲情)、尊重需求和自我实现需求。所以,如果想拥有一份快乐的事业,需要考虑的将不仅仅是金钱。当选择一份工作时,我们应当想一想它是否能成就个人的发展,而不仅仅是这份工作是否能让我们赚更多的钱。

全人教育以教育整个人为目标,采用以下四种策略:

(1)转化性学习:个人的改变是学习的关键。与其把教育看成教师将事实和信息传授给学生的过程,还不如说是一个人的思维方式发生转变的过程。人们通常称之为"批判性思维"——"培养学生批判和反思的思维技能,鼓励他们关心周围的世界,(这样)他们才会觉得个人或社会需要一定的改变。"

(2)联系:全人教育将生活的各个方面与生存视为相互关联的完整体,因此,教育不应该将学习分割成几个不同的部分。全人教育理念下的教室通常很小,不同年龄和水平的学生在同一教室。为了让学生感觉学习概念时不赶时间,或者即使是概念学得很快,也不会受到限制,这时灵活的节奏是关键。

(3)意义性:如果所学之物对自己很重要,人们会学得更好。因此,一个主题学习往往始于学生世界观中已经了解或理解的东西且对他们是有意义的,而不是别人认为什么对他们应该有意义。

(4)社区:福布斯在 1996 年说过:"全人教育中,课堂被视为一个社区,处于学校这个更大社区之中,学校又处于村、镇、城市等更大的社区之中,如果延伸出去的话,它们又处在人类这个更大的社区之中。"

从幼儿园到大学,这四种教学策略已被美国很多学校采纳。进一步研究为全人教育发展提供佐证。研究表明智力的确是多元的,而且不同智力能力伴有不同的学习风格。

多元智力理论表明,人类至少存在 8 种不同的智力。所有人生来就有这 8 种不同的智力。然而,每个人的智力组合方式各不相同,每种智力都有不同程度的表现。大多数人在至少 2 种智力方面有优势,但很少有人在各方面都有优势。比如,擅长数学与逻辑游戏的人,其语言能力可能较差;又比如,一个人擅长艺术表演(音乐、身体智力),但可能不擅长传统的学校科目(语言、数学)。

如何知道自己在每一种智力方面的表现呢?在年轻的时候尝试不同的活动是个好办法。例如,除了花时间学习传统的数学和语言之外,每个人都应该参与并学习基本的音乐、美术、体育知识。大多数人在很年轻的时候就会发现自己的一些天赋。例如，有的人在三四岁的时候就表现出绘画天赋（图像智力），有的人在大多数体育项目上比大部分同学表现突出（身体智力）。如果能发现自己的天赋，就更容易找到职业方向（下一节将会解释这一点）。

多元智力理论对人们的学习方式有重要的意义。比如，拥有图像智力的人最适合通过观察或看图片、电影或图表来学习某物，拥有语言智力的人通过听指令会取得最佳学习效果。科学家已经开发出基于三种主要学习风格的VAK模型：视觉（visual）、听觉（auditory）和动觉（kinesthetic）。学习风格VAK模型显示，大多数人适合其中一种学习风格，学习方法没有对错之说。

①视觉：擅长视觉学习风格的人更喜欢看或观察事物，包括图片、图表、演示、讲义、电影、幻灯片等。这些人会说"给我展示一下""让我们看一看"，并且在阅读指令或者观看别人示范之后完成新任务的质量更高。这些人根据列表和书面指示来工作。

②听觉：擅长听觉学习风格的人更喜欢通过倾听来获取信息：听自己或他人说出的话、听声音。这些人会说"告诉我""让我们讨论一下"，并且能够在听取专业人士的指示后更好地完成一项新任务。他们乐于在电话中接受口头指示，并且能记住听到的所有歌词。

③动觉：擅长动觉学习风格的人更喜欢亲身体验——触摸、感觉、操作。这些人会说"让我试试""你感觉如何"，并且能够通过直接动手尝试高质量地完成一项新任务。这些人喜欢实验、动手实践，从不先看说明书。

考虑到这些不同的学习风格，美国教育强调使用不同的教学方法。美国的中小学教师不仅要成为他们所教授学科（数学、科学、英语等等）的专家，而且也必须以不同的方式教授这些学科。通过使用不同的教学方法，学生能获得更好的学习效果（因为他们使用多种智力），同时能培养更多的天赋，并且在发挥自己最大潜能的过程中实现"全人"发展。

3.体验式教育从体验中学习

最后是"边做边学"的理念——从经验中而不是通过课堂讲课和书本学习会获得最佳的学习效果。在美国，实用的学习才是有价值的，这是实用主义文化价值观的一部分。美国学生经常会问:"学了这门以后用不上的课程对我有什么好处呢?""既然我从来没打算工作中会用上它,我为什么要学呢?"因此,体验式学习使知识的获取与实际应用之间有了更直接的联系。

大多数美国院校和课堂都布置研究项目、模拟实验、角色扮演,以及学生(或团体)的课堂演讲和展示,当然,广泛鼓励学生通过参加实习、实地考察、出国留学和旅游课程、户外学习等活动来提高实践能力。体验式学习通常是自我指导的,这意味着学生要根据自己的兴趣和学习目标来设计项目、参加实习,当然,老师和辅导员会提供指导和建议。

总而言之,我们可以说西方教育更切实际,更自主,更具合作性、批判性(质疑基本假设)、整体性和灵活性。

二、"阶梯"的运作机制:美国教育体系

美国教育体系的结构是:幼儿园前(通常称为"托儿所");幼儿园(3~5岁);小学(1~5年级,6~10岁);初中(6~8年级,11~14岁);高中(9~12年级,15~18岁)。高中以上,有不同的教育选择,包括职业培训、社区大学(学制2年,获得大专文凭)、学院(学制4年,获得学士学位)、大学(包括本科和研究生课程,如硕士、博士,涵盖护理、教育、医学、法律、工程等专业)。

1.学术类型

每个州的学校都分为两类:公立学校与私立学校。

(1)公立学校

美国有95 615所公立中小学,平均每所有超过500名学生。资金来自各州以及当地的财产税。公立学院和大学则由所在州资助。公立学校1~12年级的学生免收学费。学院和大学的学生则需要支付学费,但本州学生的学费很低,很多人能获得奖学金或贷款。

美国的公立学校,从幼儿园到高中,都会划分学区。一所特定的学校服务一个特定的学区。因此,如果父母想让孩子去某一特定的学校读书,除非住在这所学校所在的学区,否则绝无可能。美国共有14 000个学区,每个学区都有

相当大的自主权设置学校的课程和校历,选择教科书,制定教师培训和学生学习成果评估标准。美国公立学校间的教学质量和标准差异相当大,其中既有全美最好的学校,也有最差的学校。质量往往取决于各种因素,如经济状况、州及地方政府的财政补贴、学区居民的经济水平、种族和民族多样性、教学技术可用性等等。事实上,美国没有单一的公立学校系统,而是有14 000个不同的系统。

还有一些公立学院和大学由州政府创建、组织和管理。加利福尼亚州有最大的公立大学系统,包括著名的加州大学伯克利分校——它是世界一流大学之一。事实上,美国的很多世界一流大学都是公立大学:

- 密歇根大学
- 威廉与玛丽学院
- 加州大学伯克利分校
- 加州大学洛杉矶分校(UCLA)
- 弗吉尼亚大学
- 威斯康星大学麦迪逊分校
- 北卡罗来纳大学教堂山分校

美国有629所四年制公立大学和1 010所两年制公立学院(其中大部分被称为"初级大学"或"社区大学")。一般来说,公立大学的规模比私立大学更大(招收成千上万的学生),而且学费更便宜。四年制公立大学的年平均花费是13 000美元。大多数公立大学都会开展学术研究,为科学技术创新和各州商业发展做出贡献。

(2)私立学校

美国有29 273所私立学校提供小学或中学教育,平均每所每年招生人数约为130人。很多私立学校是宗教性质的学校,提供宗教教育(通常是基督教),或专门提供创新教育模式(如蒙台梭利学校)、为考大学做准备(科学和工程课程或表演艺术课程)。一般来说,私立学校规模更小,拥有更多财政资源,所以人们会认为它们的教育质量要比公立学校好。尽管私立学校必须遵循各州的教育指导方针,包括课程安排、毕业要求、教学标准,但也有相当大的自主权来尝试先进的教学方法。公立高中毕业生中只有 55% 的人能考上大学，但私立高中毕业生进入大学的比例超过 90%，这一点进一步证明了私立学校总体上教育质量更好。父母可以在任何时间节点，选择让孩子进入私立学校。总体而言，私立学校存在入学竞争，孩子必须满足该年级的入学要求。很多私立学校都是寄宿制学校，2 到 4 名学生共住一间宿舍。大多数私立学校都能提供优质的学习环境和高质量的教学。对于大部分父母而言，主要考虑的是费用，因为私立学校学费往往和大学学费一样多（甚至更多）。由于费用相对而言较高，私立学校的学生人数普遍较少，大部分来自上层白人家庭。

美国有 1 845 所四年制私立学院和大学，以及 596 所两年制学院。私立大学大多为美国最著名的大学，排名靠前的大学有一个非官方分类，称为"常春藤联盟"。

上私立大学每年平均的花费是 36 000 美元左右，最著名的院校费用则高达 50 000 美元。私立大学由私人出资和捐赠基金资助，有非营利性的，也有营利性的。

2.高中课程与安排

高中生必须选修英语（阅读、写作、文学）、数学、科学、社会科学等各种核心课程。有意向上大学的高中生须学习以下课程：

核心课程（高中 9～12 年级）

英语（4 年）

　语法和应用

　文学（美国文学、英国文学、世界文学）

　高级写作技能

数学（4 年）

　代数 1、代数 2

　几何

　第四门课（微积分或统计等等）

科学（3 年）

生命科学＋实验课

物理、化学＋实验课

社会科学（3 年）

美国研究

世界研究

一个额外单元

外语（2 年）

两年时间学习一门语言，强调听、说、读、写四项能力

体育（3 年）

高中阶段也会要求学生上一些选修课，如美术、音乐、戏剧或更多上述核心领域课程（如高级写作、数学、科学等）。很多高中也开设职业培训课程，一门课程可以在一或两个学期内完成。通常上课时间为从早上 8 点到下午 3 点，很多学生会在下午 3 点到 5 点参加课外活动，如音乐、戏剧、美术、体育或各种俱乐部活动。这些活动都是学生全人教育的重要组成部分。尽管课外活动不是强制的，但大多数父母和教师都鼓励学生参与。（年满 15 岁的）学生经常利用课余时间上驾校、做兼职。周末通常没有课，美国学生一般不上补习班或请家教，而这些在中国是很常见的。每学年通常 8 月中旬开始，到次年 6 月初结束，圣诞节和"春假"各放假一周，其他国家假日则放假一天。

（3）学院和大学课程

高等教育的学院与大学有三种基本类型：①两年制学院，称为专科或社区大学；②提供学士学位的四年制学院，其中大部分都重视博雅教育；③大学，由四年制学院和各种研究生、专业学院组成。

社区大学：社区大学是公立学院，服务于各种学生群体，包括负担不起四年制学院或大学学费的学生、高中未能毕业的学生（他们可以在社区大学中完成高中课程）、几年前高中毕业但如今想上大学的学生、有全职工作但想在业余时间上大学的人，以及仅仅是有兴趣选修一些课程但不需要文凭或证书的人。社区大学没有入学考试（如 SAT 或 ACT 之类），课程安排通常很灵活，除了常规的工作日上课外，还有很多晚上和周末的课程。

攻读学士学位的大学生是本科生,而攻读硕士或博士学位的学生是研究生。大多数大学本科生接受的是博雅教育,也就是说学生们必须在专攻某个主要研究领域(如上所述)之前先修几门不同学科的课程。研究生课程和专业(如医学或法律)课程则专门面向只在该学科领域学习的学生。

社区大学通常衔接高中和四年制大学。完成两年学制并获得专科学位后,学生就有资格申请四年制学院或大学,并且只需要再学习两年就可以获得四年制的学士学位。所以,实际上学生在学院里学习的时间是一样的,只是前两年在社区大学学习通识教育课程,后两年转到四年制学院专攻某个主要学科领域。对于很多学生而言,这个选择很有吸引力,因为这样既可以省下一大笔钱,又具有很大的灵活性。很多社区大学毕业生都继续求学进入著名的四年制学院或大学,甚至继续研究生阶段的深造。社区大学外国学生招生数量正在迅速增加,因为这些学校入学要求更低,也更具灵活性。

四年制学院和大学:到了学院和大学,大多数课程只用一个学期就能修完。每门课程都有若干学时,学时的计算通常基于每周的学时。大部分课程都是 3 学分,但也有些课是 1 学分、2 学分、4 学分或 5 学分。所有学位课程要求学生在毕业前修满最低学分,通常在 120~128 学分之间,其中大约 30~36 学分用于专业课学习,另外 60 学分用于通识教育课程(人文学科)学习,剩下的则用于选修课学习。一些学士学位课程要求学生撰写毕业论文,或完成一个与专业相关的项目。其他课程则要求所有的学生都参加"顶点"课程,该课程概述学生所在专业的主要问题。

学生每个学期的每周要上满 12 学时(通常相当于 4 门课)。学生通常有很大的自主权选择上课时间和授课教师,特别是在较低年级的课堂上,同一学科的很多班级的学生在不同时段、不同日期由不同的教授授课。所以,学生安排日程的时候可以把大部分或所有课程都选在下午(这样早上就可以睡懒觉),或者都选在上午(这样下午就可以参加课外活动),甚至可以把所有的课都堆在某些特定的日子,如周一、周三和周四,这样就可以过一个长周末,周二也能空出一整天。在中国,整个年级的学生被分为不同的班级,这些班级四年的课表都是一样的;美国则不同,没有哪两个美国学生的课程安排完全一样。

所以总能在各门课上见到不同的面孔。无论学生如何选课，每周都要上4门课，一门课时长为2～3小时，每周上课总时长大概为10～12小时，持续12～15周（取决于具体学校的校历）。中国学生可能会惊讶，因为他们每周平均要上30～34小时的课。然而，美国学生自学的时间要多很多，包括在实验室和工作室（科学和艺术专业的学生）工作、在图书馆做研究或进行其他项目、完成阅读作业和课堂作业。课堂上每花一小时，教师则布置并期望学生们独立完成2～3小时的学习量和家庭作业。考虑到对自学的重视程度，美国大学生面临着巨大的"落后"风险，尤其是那些缺乏自律、缺少学习动力或不善于管理时间的学生。

4.研究生院

很多研究生项目对研究生入学考试（GRE）有最低分数要求，该考试测试语言推理、定量推理、批判性思维和分析性写作技巧。

研究生阶段，学生继续选修课程，大多数硕士课程都需要完成期末论文。博士生必须选修课程获得足够的学分才可以参加资格考试。资格考试通常历时几天，包括书面和口头测试两部分。博士生通过资格考试后，就进入候选阶段，可以开始撰写论文。学生必须通过学位委员会的论文口头答辩才能获得学位。

学位的要求可能会非常复杂，因学校和院系而异，因此所有的学生都应与所在院校和系辅导员联系，以确保自己能够符合所在学校和院系的教育要求。

5.评分制度

从中学到大学，美国的评分系统都采用字母系统（A、B、C、D、F），字母等级之间再用"＋"或"－"来区分层次。尽管个别作业和考试可能使用百分制（例如考试成绩78分）评分，但最终的成绩总是以字母等级（例如"C＋"）来表示。每一个字母等级都对应一定的分数（0～4分），用来计算平均绩点（GPA）。绩点显示的是学生的整体表现，也可以计算学生在整个年级的排名。表1-1解释了百分制、字母等级和绩点之间的关系。

表 1-1　美国学校的评分系统

字母等级	含义	绩点	得分占比
A	优秀	4.00	96～100
A－		3.67	91～95
B+		3.33	88～90
B	良好	3.00	85～87
B－		2.67	81～84
C+		2.33	78～80
C	达标	2.00	75～77
C－		1.67	71～74
D+		1.33	68～70
D	欠缺	1.00	64～67
D－		0.67	60～63
F	不及格	0	60 以下

注：30 天内未能补交作业会得"F"

比如，假设你的成绩是生物 A－，历史 C＋，英语 B，对应的绩点分别是 3.67、2.33、3.00。把它们相加再除以 3——(3.67＋2.33＋3.00)/3 ＝ 3.00，GPA 就是 3.00。大多数高中和大学对学生有最低的 GPA 要求，通常达到2.00（相当于"C"或得分至少 75 分）才准许毕业。因此，即使一个学生通过了所有的课程（没有"F"记录），得到的绩点仍然可能低于 2.00，而无法毕业。

三、美国教育与中国教育的差异

教育的基本问题是我们想要培养出怎样的人以及如何培养人。在很多学术领域，中国的教育体系与西方的教育体系在教育的价值、目的和手段方面都存在显著差异。

中国的教育体系和西方的教育体系各有什么重要特征呢？首先是教学和引导这两个基本的教育观。"教"是中国教育体制中最普遍的概念，主要表现就是教授课本中的内容。课堂上教师授课，学生学习。此外，中国的家庭教育也有它的身影:学生通过遵从父母的教导和阅读父母要求他们读的课本来获得知识。这一概念对培养所谓"好学生"的过程有很大的影响,这样的学生总是遵守规章制度、传统和大众习俗。这就使得中国的基础教育(尤其是小学与初中阶段)非常扎实,这也是中国学生每年都能在奥林匹克竞赛中获奖的原因。"引导"是西方国家广泛应用的教育概念,它强调孩子的权利和对孩子的尊重,这种尊重是建立在信任的基础上的。学校培养学生自我管理的技能,鼓励孩子学习自己感兴趣的东西、做自己想做的事,并且尽自己所能。所以西方的孩子更有责任心、更自信,因为经历了自我学习的过程,他们的自尊心更强了。

传统的中国父母总是告诉孩子应该为自己的目标刻苦努力。大多数父母在孩子三四岁的时候就会教孩子简单的计算和写字。几乎每个中国人童年时都被逼着背过古诗。然而,只背诗背书,想着考高分,只学习而不参加其他活动,在当下这个多变、多元的世界里是远远不够的。对青少年而言,如果生活仅有学习这一件事,会反受其害,因为这会扼杀学生的创新能力。在西方国家,人们更关注孩子的感知能力。小学教师在课堂上组织讨论和游戏。学生的家庭作业很少,手工作业却很多,每个人都有学习压力。中学的所有科目都实施计分制,考试只是课程模块的一小部分。西方学生只需保证足够的出勤率和分数,就能很容易毕业。他们有机会管理自己的闲暇时间、培养兴趣爱好。我们很容易发现,西方人通常更加积极,更加随和。除课本之外,他们的生活与科学知识丰富,同时更好地掌握了与不同人沟通的技巧。

有人认为,中国的基础教育很完美,中国教育体系唯一的问题就是高等教育,所以加强高等教育就能提升整个中国的教育质量。这种说法实际上并不完整,因为人类的创造力是从幼年时培养的。创造力的培养是持续进行、不断完善的过程。我们应该用循序渐进的创新来衔接基础教育与高等教育,这样才能培养出更多中国自己的诺贝尔奖得主。

回到前面的问题:大多数中国父母认为西方国家的高等教育比中国的高等教育发达,相比之下,中国的基础教育体系则更完善。结合两种体系可以培养出优秀人才。因此,他们让孩子在中国读到中学,中学毕业后送到国外读大学。实际上,如果我们给中国孩子打下坚实的基础,同时将创造力作为培养目标,这样的话孩子去国外接受磨炼后,就会变得更加优秀。

总而言之,中国的教育体系和西方的教育体系各有其优势和劣势。中国人强调基础知识,而西方则高度重视创造性。如果我们能结合两个体系,在 21 世纪的舞台上中国就可以扮演更重要的角色。

在美国,教育一直以来都为每个人实现梦想搭建阶梯。美国教育因其开放性和多元性而与众不同:美国大约有 4000 多所高等院校,是目前世界上拥有高等院校数量最多的国家。这些院校为 3.3 亿美国人提供服务。相比之下,中国高等院校的数量是美国的一半,服务的人口数量是美国的 4 倍。换句话说,中国学生人数与大学数量的比例是美国的 8 倍。因此,中国的大学更加拥挤,入学竞争也更加激烈。

四、顶尖文理学院

最好的文理学院规模很小(共有 2 000～3 000 名学生,一个班有 12～15 名学生),学费昂贵(每年 45 000～55 000 美元的学费,外加住宿费和其他费用),而且通常位于环境优美的地方。学院有优秀的教师、资源丰富的图书馆、优质的餐饮和丰富的活动,能满足所有人的需求。但是,课程难度大,不易得高分。

威廉姆斯学院、里德学院、斯瓦特莫尔学院、鲍登学院、戴维森学院、霍拉克学院等都是顶尖的文理学院。以下网站能提供更全面的名单与详细信息:

美国新闻与世界报道:2016 年顶尖文理学院,参见

http://www. usnewsuniversitydirectory. com/undergraduate-colleges/ liberal-arts.aspx

2014 年福布斯 25 所最优文理学院,参见

http://www. forbes. com/sites/zheyanni/2014/07/30/top-25-best- liberal-arts-colleges-2014/

2016 年尼凯顶尖文理学院,参见

https://colleges. niche. com/rankings/best-liberal-arts-colleges/? utm _ source＝bPPC_cRankings

第二部分　教育移民

第二章

美国的教育移民

美国是中国学生留学的首选。2010年,赴美留学学生人数首次突破10万人,同比增长21％,2018—2019学年美国来自中国的留学生在校生总数达369 548人,占国际生总人数的33.7％,同比增长1.7％。国内日益上升的竞争压力,国外各种极具吸引力的机遇,政府较宽松的政策,以及中美高校日益激进的营销策略和招生策略都推动了赴美学生流。其结果是激烈的竞争与学生、家长、中美高校的管理人员、教育招生机构以及政府当局都有重要的利害关系。出国留学已不仅仅是学生及其父母努力实现他们的"梦想",对于那些试图从别人的梦想中获利的人来说,价值数十亿美元的留学市场也是极为可观的。

任何竞争都有赢家和输家(后者居多)。道理很简单,只有学会如何竞争,才能实现梦想。为了在竞争中取胜,需要制定明确的策略来实现自身的教育目标及职业目标。如若没有明确的策略,将成为他人获利操纵的受害者,因为他们关注更多的是利润而非学生的未来。

一、移民目的地

美国自建国以来就是一个移民之地。作为"机会之地",美国吸引着世界各地数百万人来寻找自己的"美国梦"。因此,美国民众有着丰富的多样性,他们将自己的民族、宗教、种族和语言背景结合在一起,编织了一幅丰富多彩的社会和文化画卷。这种多样性一直是美国力量的基石,也促成了一种独特的发展模式,即来自不同背景的人都有机会去实现自己的抱负。如图2-1所示。

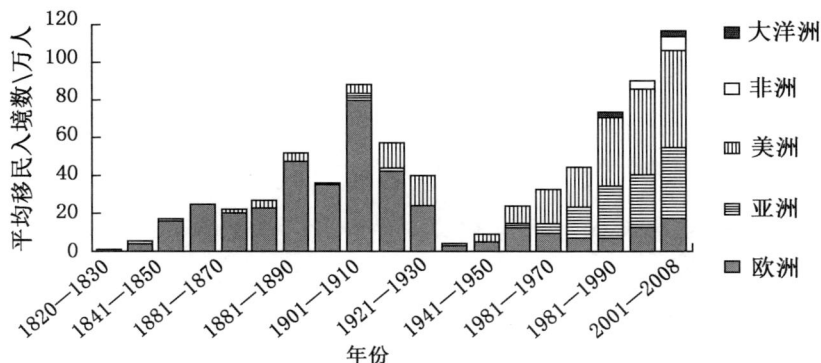

注：大洋洲包括其他地区国土安全部移民年签数据。

图 2-1 不同地区年平均移民入境人数

自 1993 年以来，中国出国留学人数持续增加，见图 2-2。

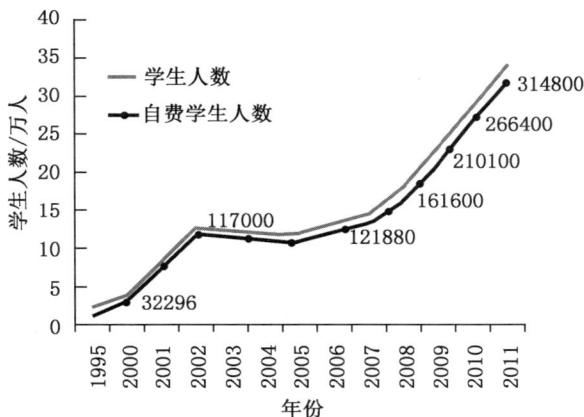

图 2-2 1995—2011 年首次出国留学的中国学生人数

对于想要移民美国的中国人来说，出国留学是一个重要途径。三个世纪前，美国成立了第一所大学，此后，外国留学生陆续赴美学习。学成之后，他们中一些人选择留在美国开启新的生活，而更多人则选择带着新的观点和技能回归祖国，在引领祖国走向现代化的过程中贡献力量。由于美国教育质量高，且可供选择的学术课程种类繁多，每年选择赴美留学的学生人数是最多的。如图 2-3 所示，2016 年美国拥有的留学生人数占世界留学生总人数的 32%，其次是澳大利亚、英国、加拿大和法国。

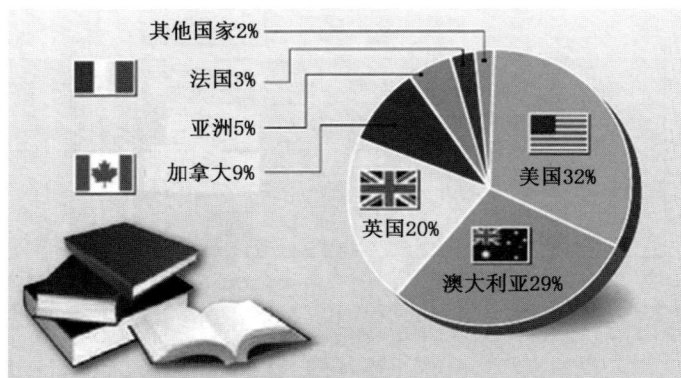

图 2-1　中国学生出国留学的首选地

来源:启德集团对 10 个城市的 5 000 名学生进行的调查。

18 世纪和 19 世纪大部分时间里,多数在美留学生来自欧洲国家;到了 20 世纪,在美留学生群体进一步多样化,来自南美洲、亚洲和非洲发展中国家的留学生数量增加。近年来,在美留学的亚洲留学生人数最多,其中以日本、韩国、印度、中国居多。

表 2-1 和表 2-2 显示了 2014—2015 学年和 2015—2016 学年在美留学生生源地分布情况。

表 2-1　2014—2015 学年和 2015—2016 学年前 24 个在美留学生生源地

排名	生源地	留学生人数/人 2014—2015 学年	留学生人数/人 2015—2016 学年	变化率/%
1	中国大陆	304 040	328 547	8.1
2	印度	13 288	165 918	24.9
3	沙特阿拉伯	59 945	61 287	2.2
4	韩国	63 710	61 007	−4.2
5	加拿大	27 240	26 973	−1.0
6	越南	18 722	21 403	14.3
7	中国台湾	20 993	21 127	0.6
8	巴西	23 675	19 370	−18.2
9	日本	19 064	19 060	0.0
10	墨西哥	17 052	16 733	−1.9

续表

排名	生源地	留学生人数/人 2014—2015 学年	留学生人数/人 2015—2016 学年	变化率/%
11	伊朗	11 338	12 269	8.2
12	英国	10 743	11 599	8.0
13	土耳其	10 724	10 691	−0.3
14	尼日利亚	9 494	10 674	12.4
15	德国	10 193	10 145	−0.5
16	科威特	9 034	9 772	8.2
17	尼泊尔	8 158	9 662	18.4
18	法国	8 743	8 764	0.2
19	印度尼西亚	8 188	8 727	6.6
20	委内瑞拉	7 890	8 267	4.8
21	中国香港	8 012	7 923	−1.1
22	马来西亚	7 231	7 834	8.3
23	哥伦比亚	7 169	7 815	9.0
24	泰国	7 217	7 113	−1.4

近年来,中国取代印度成为最大的赴美留学生源国。韩国和日本也是赴美留学的重要生源地,但在过去的几年中,日本赴美留学生总数急剧下降,这是由于日本在过去20多年中停滞不前的经济和金融状况,以及2008年金融危机之后持续恶化的情况。与其他国家相比,中国和印度受金融危机的影响要小得多,因此很多家庭仍然能够负担孩子到国外留学的费用。事实上,金融危机反而促进了学生赴美国和其他发达国家求学,尤其是中国学生。

部分美国高校招收了大量留学生。留学生们通常倾向于选择已经有很多留学生的学校,这是因为,当很多留学生处于相同境遇时,他们通常更容易"适应",从而缓解文化冲击;另外这类学校提供的服务更多,更能满足留学生的需求。但从另一方面来看,这类学校往往会成为留学生的"安全庇护所",使他们不必努力融入美国社会,或是结交美国朋友。现在,美国很多高校,如俄亥俄州立大学和南加州大学,都有大量中国学生。在这些高校中,中国留学生们可以一同外出游玩、烹饪中餐、庆祝农历生日及中国节日,每天说中文而不是英语,就像从未离开过中国。表 2-2 展示了 2014—2015 学年和 2015—2016 学年前 25 所留学生人数最多的美国高校。

表 2-2 2014—2015 学年、2015—2016 学年美国接收留学生数量最多的 25 所高校

排名	高校	城市	州	留学生人数/人 2014—2015 学年	留学生人数/人 2015—2016 学年	变化率 (%)
1	纽约大学	纽约	纽约	13 178	15 543	17.9
2	南加州大学	洛杉矶	加利福尼亚	12 334	13 340	8.2
3	亚利桑那州立大学（坦佩校区）	坦佩	亚利桑那	11 330	12 751	12.5
4	哥伦比亚大学	纽约	纽约	11 510	12 740	10.7
5	伊利诺伊大学（厄巴纳-香槟分校）	香槟	伊利诺伊	11 223	12 085	7.7
6	东北大学（波士顿分校）	波士顿	马萨诸塞	10 559	11 702	10.8
7	加州大学（洛杉矶分校）	洛杉矶	加利福尼亚	10 209	11 513	12.8
8	普渡大学（西拉法叶校区）	西拉法叶	印第安纳	10 230	10 563	3.3
9	波士顿大学	波士顿	马萨诸塞	7 860	8 455	7.6
10	华盛顿大学	西雅图	华盛顿	8 035	8 259	2.8
11	密歇根州立大学	东兰辛	密歇根	8 146	8 256	1.4
12	得克萨斯大学（达拉斯分校）	理查森	得克萨斯	7 064	8 145	15.3
13	宾夕法尼亚州立大学（帕克分校）	帕克	宾夕法尼亚	7 728	8 084	4.6
14	密歇根大学（安娜堡分校）	安娜堡	密歇根	7 423	7 630	2.8
15	加利福尼亚大学（圣地亚哥分校）	拉荷亚	加利福尼亚	5 898	7 556	28.1
16	加利福尼亚大学（伯克利分校）	伯克利	加利福尼亚	6 874	7 313	6.4
17	印第安纳大学（伯明顿分校）	伯明顿	印第安纳	7 009	7 159	2.1

续表

排名	高校	城市	州	留学生人数/人 2014—2015 学年	留学生人数/人 2015—2016 学年	变化率 (%)
18	俄亥俄州立大学（哥伦布分校）	哥伦布	俄亥俄	7 121	7 117	−0.1
19	卡内基·梅隆大学	匹兹堡	宾夕法尼亚	6 198	7 051	13.8
20	明尼苏达大学（双城分校）	明尼阿波利斯	明尼苏达	6 984	7 037	0.8
21	纽约大学（布法罗分校）	布法罗	纽约	6 852	7 026	2.5
22	得克萨斯农工大学（学院站分校）	学院站	得克萨斯州	6 690	6 940	3.7
23	佛罗里达大学	盖恩斯维尔	佛罗里达	6 148	6 751	9.8
24	威斯康星大学（麦迪逊分校）	麦迪逊	威斯康星	5 977	6 440	7.7
25	宾夕法尼亚大学	费城	宾夕法尼亚	6 167	6 221	0.9

二、经济效益和社会效益

中国留学生为美国及其学校所在州带来了巨大的社会和经济效益。中国留学生在校园、工作场所或文化交流活动中结识美国朋友，在交流过程中，留学生带来了不同的观点和想法，挑战了美国人的成见，帮助他们纠正错误认知，拓宽思维并深化学习。此外，留学生们对美国经济也做出了重大贡献。据美国商务部统计，2009—2010 年，留学生在学费和生活费上的支出为美国经济贡献了近 200 亿美元。高等教育已成为美国第三大出口服务行业，因为留学生在美留学期间需要支付各种生活费用，包括食宿、书籍、日用品、交通、医疗保险、随行家属生活开销、其他杂项费用等，这为美国经济及各个州提供了收入来源。六成以上的留学生都是由个人及从家庭获取大部分留学资金。此外，他们还有其他资金来源，如输出国政府或大学的资助。总的来说，大约七成留学生的主要留学资金都源自美国以外。[①]

三、中国学生在美国

2015—2016 学年,328 547名中国学生在美国读书(同比增长 8%)。中国连续第七年成为在美留学生的主要生源地,中国在美留学生人数占在美留学生总数的 31.5%。

学术水平:越来越多的中国本科生选择赴美继续深造,近几年来出现了应届毕业生参加实习(OPT)的新热潮。2015—2016 学年,中国在美留学生中有 41.3% 是本科生,37.5% 是研究生,5.3% 是其他学历学生,还有 15.9% 是实习的学生(同比上年增长 21%)。

经济效益:根据美国商务部数据,2017 年,就读于美国各类高校的中国留学生为美国经济贡献了 114.3 亿美元。

历史趋势:20 世纪 50 年代至 1975 年,中国政府没有向美国派送留学生。到了 20 世纪 80 年代,中国大陆的赴美留学生人数急剧上涨,并于 1988—1989 学年超过台湾地区成为赴美留学生的主要输送地。自此,中国大陆一直是最大的美国留学生输送地区,直到 1994—1995 学年被日本取代。但在 1998—1999 学年,中国再度成为最大的美国留学生输送国,这一状况一直持续到 2000—2001 学年。在 2001—2002 学年,印度成为赴美留学生人数最多的国家,并在随后的 8 年时间里一直保持第一。到了 2009—2010 学年,中国又一次成为最大的美国留学生输送国,尽管其增长率远低于印度,但在随后的 7 年时间里一直保持这一地位,如表 2-3 所示。

表 2-3　2002—2016 年中国大陆留学美国人数变化情况

学年	中国大陆在美留学生人数(人)	同比上年变化率(%)	美国在中国的留学生人数(人)
2015—2016	328 547	8.1	n/a
2014—2015	304 040	10.8	12 790(下降 7.1%)
2013—2014	274 439	16.5	13 763(下降 4.5%)

① 参见 http://www. iie. org/en/Research-and-Publications/Open-Doors/Data/International-Students。

续表

学年	中国大陆在美留学生人数（人）	同比上年变化率（％）	美国在中国的留学生人数（人）
2012—2013	235 597	21.4	14 413（下降 3.2％）
2011—2012	194 029	23.1	14 887（上涨2.0％）
2010—2011	157 558	23.5	14 596
2009—2010	127 628	29.9	13 910
2008—2009	98 235	21.1	13 674
2007—2008	81 127	19.8	13 188
2006—2007	67 723	8.2	11 064
2005—2006	62 582	0.1	8 830
2004—2005	62 523	1.2	6 391
2003—2004	61 765	−4.6	4 737
2002—2003	64 757	2.4	2 493

注：来自《开放门户》的留学数据反映了美国高校在调查期间给予留学生的签证，这些学生在学年（包括暑假）刚结束就就读于美国院校。2015—2016 学年的数据在《开放门户2017 年报告》中。

四、美国的吸引力

一般来说，留学有诸多好处。当然，能否从这些好处中受益取决于如何利用机会，以及选择在多大程度上沉浸于外国文化。

美国是有吸引力的学习场所，主要是因为它提供了很多教育选择。美国拥有5 000多所高等教育机构，包括 2 年制的社区大学、4 年制的文理学院以及拥有学院和研究生课程（硕士和博士学位）的大学。正是出于这个原因，很多中国家庭选择请中介来帮助他们找到一所学校。通常，为某些美国学院和大学工作的中介将推荐一份有 10～15 所申请学校的名单，如果中国学生被其中一所学校录取，那么这所美国学校和这个中国家庭都将付给该中介一笔高额费用。以下是去美国留学的 12 个理由。

1.提高英语能力

也许大多数在国外高中或大学学习的中国人最常说的留学原因是"提高

我的英语水平"。在过去的 20 年里,中国的经济已经走向全球。随着 100 多个国家和地区的数千家外国公司在中国开展业务。外语技能得到了高度重视。当然,最重要的外语是英语,因为英语是商业和贸易领域的国际语言。非英语国家,如法国和德国都用英语开展业务,出于这个原因,自 20 世纪 90 年代以来,英语教育一直是中国改革开放政策的重要组成部分。

从 2001 年开始,英语教育成为必修课,学生要从小学三年级一直学到大学一年级或二年级,所以大学毕业时学习英语的时间长达 10～11 年。虽然有很多学生会进一步通过大学英语六级考试(CET-6),但通过大学英语四级考试(CET-4)是大部分大学的毕业要求。与大学英语四级考试不同,大学英语六级考试有必须参加的口语考试部分。英语教学正在经历重要的改革,因为教育部采用了 9 级英语学习的国际教学标准,更重视日常生活中的听说能力,而不像以前只重视语法、写作词汇记忆。如今中学生的英语水平明显高于几年前中学生的英语水平。[①]

尽管中国学生学习英语的时间长达十年,但大量研究发现,大多数中国人的实际英语水平仍然很低。事实上,麦肯锡研究院的一项调查发现,只有 3% 的大学生具有中国顶尖跨国公司需要的英语水平。

为什么在中国学习英语的效率如此之低? 首先,我们必须知道的是很多中国学生并不想学英语,只是被迫学这门课。因此,大部分英语学习者的目标不是学英语,仅仅是通过英语考试。其次,教师教学是应试教育,而不注重实际运用。中国人学习英语考试所需的语法和词汇,但口语表达和日常使用练习不够,例如看菜单、看路牌、问路、自我介绍等。再次,大多数中国学生没有渠道跟着母语人士学英语,大部分是从中国老师那里学,而很多中国老师自己都觉得在课堂上说英文不自在。最后,在中国提高口语水平的机会有限。很多学生没有外教,有外教的又不敢和外教交流。

因此,去母语为英语的国家(如美国)为克服这些障碍提供了非常珍贵的机会。学习英语最好、最有效的办法就是沉浸在英语文化中。每天都被英语包围,并在合适的文化语境中看到、听到英语,这样学习英语就会更快。当然,在开始时不可避免会遭遇语言障碍,文化冲击、挫折打击以及困惑和误解接踵

---

① Lin Lin. English education in present day China. J/OL. ABD, 2002, 33(2), http://www.accu. or.jp/appreb/09/pdf33-2/33-2P008-009.pdf.

而至。唯一的办法是耐心、冷静地忍受每一天：几天或是几周后，你会突然发现自己已经习惯了 100％ 的英语环境。

不幸的是，仍有很多在美国待了很多年的学生说英语时还是不习惯，更不用说表达流利了。以下是部分原因：

（1）选择有大量中国学生就读的学校。

（2）选有"唐人街"的城市（洛杉矶、旧金山、芝加哥、纽约、波士顿等）。

（3）与中国亲戚生活在一起，而不是独自生活或寄宿。

（4）将社交圈限制在中国人中——只和其他中国人一起学习交流。

（5）避免与美国及其他国家的学生接触，所有的时间都在图书馆或家里学习。

（6）学习英语的目的仅仅是方便进入美国（通过托福和签证面试）——现在"任务已经完成"，继续学习英语的动力便消失了。

（7）文化冲击——一些中国人会产生拒绝融入美国文化（包括拒绝学英语）的消极情绪和挫折感。主要表现包括经常通过 QQ 和微信与亲友联系、拒绝做或吃美式西餐、拒绝与美国室友同住、拒绝参加社交活动和派对。

（8）以后想回国，所以觉得英语不用太流利。

（9）疲倦：英语学习多年之后，厌倦了继续奋斗。

2.高质量的美国教育

美国因拥有世界上最好的大学而闻名。在《环球时报》世界一流大学排名中，世界排名前 10 的顶尖大学中美国有 7 所，排名前 30 的 21 所。美国还有数百所其他优秀的大学。此外，学生可自由选择自己的专业、班级以及教授，这意味着他们将更有可能更加刻苦地学习，因为他们选择了自己想学习的学科，而不是被迫学习的学科。

3.学习与工作中的自由

范悦在高中一年级时参加了由她就读的高中组织的、为期两周的美国游学，并爱上了学生在学习中享受的自由。在中国高考决定你将就读哪所大学和专业，之后在大学里换专业不是那么容易，而在美国，学生可以自由选择专业，换专业也很容易。她看到学生可以学习任何想学的课程，还可以利用"间隔年"来探索他们的兴趣。于是她申请了加州大学欧文分校并被录取。在欧文分校，范悦说，她发现很难跟上（教师）讲课，因为教师讲得太快。她意识到不能像在中国那样背诵课文而通过考试。她努力学习，第一季度得了 A 和 B。

她还没有选好专业。"数学对我来说很容易,"她在最近的一封电子邮件中写道,"我最不喜欢人类学。对我来说,理解和阅读太难了。"她很庆幸有时间来决定自己的专业。

看到学生可以在草地上休息,她感到惊奇。她游历了洛杉矶,遇到了穿得像嬉皮士的人。"在中国,这些人会被认为是怪人。"她说。她计划在春假期间去滑雪和泡温泉。她在美国感到的轻松和自由的氛围真的让人振奋。

4.增加就业机会

如本章前面所述,国内大学毕业生的就业状况相当不乐观。人们普遍认为,外国的教育和经验将使一个学生更具竞争力,尤其是随着中国的市场日益全球化。在雇主眼里,大多数留学生是自我驱动、独立、愿意接受挑战的,并能够应对复杂问题和情况。在外国的生活和学习经历使你与众不同。

5.增加学位的价值

在国外可以选择在国内校园永远不会有机会选择的课程。此外,出国留学可以大幅度提高语言能力,在返回国内校园后,通常不需要修读额外的课程就可以很轻松地增加一个语言辅修专业,甚至一个第二专业。

6.提供旅行的机会

可以充分利用周末和学术假期去冒险、去探索周围环境——无论是近处的还是远处的。由于出国留学通常身处一个完全不同的国度,所以离一些可能在其他情况下没有机会去的地方更近了。一些层次更高的海外留学项目甚至将实地考察纳入课程。

7.可以亲身体验另一种文化

文化差异不仅仅是语言、饮食、着装和个人习惯的差异。文化深刻地反映观念、信仰和价值观,影响人们的生活方式和看待世界的方式。亲自体验文化差异可以真正理解其他文化的来源。

8.培养技能,并提供一种在教室环境里永远不会得到的体验

沉浸在全新的文化环境中起初很不适应,但也令人兴奋。这是一个克服新挑战、解决新问题的机会。你将遇到完全不熟悉的情况,并将学习以有效的方式进行调整和应对。

9.有机会结交世界各地的朋友

在国外不仅会遇到当地人,还会遇到一样远离国土的其他留学生。在美国留学的国际学生比在世界其他任何国家都多。这给美国校园带来了巨大的

社会和文化多样性,从而丰富了美国学生和外国学生的生活。

10.有助于了解自己

出国留学的学生学成归国时,对于自己和自己国家的文化有了新的看法。国外的经历使他们重新考虑自己的信仰和价值观。这种经历可能会强化某些价值观,或者可能导致学生改变或放弃某些价值观,并接受新的观念。接触其他文化能够使学生以新的眼光看待自己国家的文化。

11.开拓眼界

12.有机会摆脱学术桎梏

出国留学可能与过去的学生生活很不同。你可能会熟悉一个全新的学术体系,并且有机会修读国内校园没有的课程。这也是打破单调的学习生活的好机会,因为美国校园通常提供丰富多彩的社交生活。

第三部分　留学和职业生涯

第三章

什么是职业生涯

美国和中国教育体系的一个重要区别就是美国从小学就开始启发学生思考人生。教师和家长经常会问孩子："长大以后你想做什么?"大多数孩子小时候都会回答某种他们想从事的职业,比如医生、消防员、警察、教师等,但随着他们渐渐长大成熟,他们的答案会变成"我想帮助他人",或者"我想当个好爸爸,教我的孩子明辨是非"。也就是说,他们对未来的态度开始变得更加个性化。

美国所有的中学都配有职业生涯顾问,他们的职责就是帮助学生形成事业目标、针对学生的能力和个性考察他们的优缺点。学生可以借此加深对自己的了解,并逐渐明确最适合自身职业生涯目标的工作。

很多人觉得职业生涯和工作差不多,这种想法是错误的。职业生涯和工作并不一样。世界上很多人(或者说绝大多数人)都有工作,但是他们没有职业生涯。他们工作只是为了赚钱——甚至可以说是被迫在工作,当然也就没有个人成就和快乐可言。所以如果想要在工作中获得快乐和成功,就必须重新审视工作的意义,重新定位工作和余生的关系,这就涉及职业生涯了。

一、职业生涯的定义

职业生涯可以被定义为一种终身劳动,它会促进个人不断发展,有利于家庭和社会维持健康的工作—生活平衡。

接下来我们详细看一下定义的各个部分。

1.终身

职业生涯和工作不一样,工作只持续特定的一段时间,但是职业生涯会伴随一生。当然,职业生涯也会随着时间的推移而不断变化、发展。就像人一生有不同阶段,职业生涯也有不同的发展阶段。如下所示,职业生涯发展可以分为五个阶段:

(1)萌芽阶段(3~15 岁):人一旦开始思考未来,想象自己以后要做什么事、成为什么人,他的职业生涯就开始了。儿童心理学家认为大多数孩子会在3～5岁步入事业发展婴儿期。孩子们在很小的时候就幻想成为美国总统、著名演员、警察或者 NBA 球星,他们没有任何实际的职业生涯计划,对这些事业也没有准备,但这并不妨碍他们的种种幻想。其实大多数人在上中学之前都不会认真考虑职业问题,也不会制订什么计划,但这一阶段是整个职业生涯发展中不可或缺的部分。年轻人很容易受偶像影响,这种影响会强有力地推动他们走向心中的"英雄"职业。另外,很多人也是在这一时期发现自己的天分,开始培养兴趣,这可是他们想象未来的基础。打个比方,如果一个在学钢琴的小女孩正好看了一本讲肖邦的书,她就会想象自己有朝一日能在纽约表演艺术中心登台演出。这种想象为职业生涯发展的下一阶段,即职业生涯探索阶段,提供了动力。

(2)职业生涯探索阶段(16～21 岁):上了中学以后,学生普遍开始更加严肃地考虑未来。这一时期他们会把更多精力放在学习主修课程上,同时开始认真思考自己毕业后能做什么。有了父母长辈、老师或者职业生涯顾问的帮助指导,年轻人能够更加清楚地认识到自身未来的潜力和机遇。小时候那些当 NBA 球星、国家领导人的梦想渐渐远去了,取而代之的是更加具体而平凡的工作。探索阶段的关键在于找到自身优势,并且更实际地看待职业生涯选择。要想选择合适的职业,学生必须收集信息、询问他人意见,这时他们就可以咨询职业生涯顾问,进行自我评估,考察兴趣量表,完成职业能力测试,参加信息量大的面试等,以便更好地了解自己的兴趣和能力。同时,他们应该探索和自身兴趣能力相符的潜在职业,并开始计划大学学习。

(3)职业生涯试验阶段(22～30 岁):职业生涯发展的第三阶段从一个人完成学业、离开家独立生活开始,他们要准备找工作并且成家立业。这一时期他们可能会在不同公司同时做几份低级工作,试图稳定下来。他们此时最大的问题就是找到一份稳定的工作,实现经济独立和稳定。与此同时,他们还会遇到工作—生活的平衡问题,尝试在工作和家庭、空余时间、个人生活之间平衡时间和精力。大多数年轻人会不断跳槽,过几个月就换一份工作,试图找到最符合自身兴趣、经济需求和个人情况的工作。

(4)职业生涯稳定阶段(31～60 岁):在一个岗位上做了几年之后就进入了职业生涯发展中期,这时工作和家庭生活都固定下来了,不论经济上还是感情上都很稳定。职位晋升、养家糊口就成了这个时期的重头戏,但这也是工作—生活平衡问题最多的时候,男性多数会选择将时间和精力放在职业生涯上,而女性会选择相夫教子。45岁以后很多人就会经历心理和职业生涯上的双重打击(又叫"中年危机"),他们会回顾整个前半生,质疑自己当初是否选择了正确的事业。有些人觉得自己的潜力还没有完全发挥,还没有克服障碍,过上幸福生活,这时候他们就会感到痛苦。比如一个过去只顾着工作的父亲可能突然意识到他在孩子身上花的时间太少了,而现在孩子们都长大了,却和他不亲密。工作和家庭失衡还会导致夫妻间的激情和爱意消失殆尽,婚姻破裂。很多人会选择调节自己的生活和事业重心,开始一份新事业或是在生活上做出重大调整,比如离婚、再婚、换工作、搬到其他城市或者出国。

(5)职业生涯衰退阶段(60岁以上):在职业生涯后期,人们往往会意识到自己一生中最成功的时刻已经离自己远去了。孩子们已经长大,自己在公司或机构里做到了最高职位,他们开始考虑退休了。大多数人选择彻底从岗位上退休(也有些岗位强制60岁或65岁退休)。对很多人来说,这可是"黄金年华"——没有工作压力,可以尽情享受一生的劳动果实,例如闲暇时间出去旅游,陪陪孙子、孙女。但对另一些人而言,退休就不那么美好了。有些老年人不知道怎么打发空闲时间,还有一些人担心晚年的经济保障,以及随着跟朋友和家人的联系逐渐减少可能会感到孤独。另外,健康问题肯定也会打乱退休计划。很多人计划职业生涯的时候没有考虑退休后的阶段,所以去世的时候既没有钱,也没有人关心,不幸之至。

2.劳动

劳动可以是体力劳动,也可以是脑力劳动,最后产出产品或者完成某件事情。很多人以为劳动就是为了赚钱,或者说"劳动＝工作",这种想法是错误的。如果我们把劳动视为生产活动,就会发现有很多劳动在工作范围之外,也不以金钱为回报。比如说,你小时候上学努力学习,增长知识,争取德智体美全面发展,这时你的职业就是当学生;照顾孩子、做饭、做家务的母亲也可以说是在劳动,她们的职业就是家庭主妇;还有人无私奉献时间和精力去帮助老人、病人、儿童和穷人等等,他们的职业就是当志愿者。

3.工作与职业生涯的区别

工作与职业生涯的区别如表3-1所示。

表 3-1　工作与职业生涯的区别

项目	工作	职业生涯
时限	有时限,起止日期明确	终身
劳动的定义	赚钱的活动	各种活动,不单指工作,包括志愿活动、抚养子女、赡养父母或社会合作
目的	有经济保障,逐步获得认可,提高社会地位	个人发展
幸福的来源	物质富足(高收入、豪宅、投资成功、花钱无度)	个人发展(身体健康、家庭幸福、内心宁静)
对个人生活的影响	往往让人远离家庭,持续的压力带来高度紧张	充实了家庭及社会生活

人们普遍认为"有一份工作＝有事业",这并不对,实际上大多数人只有工作,没有事业。他们从事的工作不会促进个人发展,反倒会影响家庭生活,成为累人的赚钱方法。有些人就算发了财,也不会幸福,因为他们既没有个人发展,又没有家庭和社会生活。这个世界上有很多有钱人,他们的生活孤独无趣,毫无幸福感可言。

4.个人发展

个人发展就是要扩大知识面,提升技能,磨炼意志,培养各种兴趣,丰富人生经历。西方国家的全人教育理念要求同步开发学生的智力、身体素质和精神素养。学校里所有学生都要学习数学、科学、历史、文学、哲学、宗教、音乐、美术、体育等一系列课程,从而成为智力、身体、精神全面发展的"全人"。全人教育理念也可以引入事业观中,因为事业的目的和教育一样,都是要成为智力、身体、精神平衡发展的全人。

5.工作—生活平衡

事业定义中最后一个要点在于它可以平衡工作与个人和社会生活的其他方面。只有成功维持工作、家庭、友谊、爱好、健康、体能、精神多方面平衡的人才能全面发展。很多人忙于工作,忽略了家人朋友,根本没有时间去放松锻炼,而且可能总是觉得累,工作压力大。有些人甚至沉迷工作,就像酒鬼沉迷酒精一样,这种人就是我们说的"工作狂"。但事业其实应该是一项对精神、心理、社会性、身体等各方面都有益的活动,事业所定义的工作不会占据用于社交和健康生活的时间和精力。如果一份工作让你远离你爱的人,而且损害身体健康,那绝对不是事业,更像是监狱。可惜一些人就是这样的工作狂,他们成了工作的囚犯,逃不出牢笼,找不到幸福和自由。

二、什么是职业生涯管理

我们现在对职业生涯已经有了更深入的了解,接下来谈谈如何规划和管理职业生涯,也就是职业生涯管理。第一章已经谈到,职业生涯管理在中国还相当陌生,因为 20 世纪 90 年代之前,中国人在教育和职业生涯方面没有太多选择。但是随着市场和教育改革,尤其是人才市场日益激烈的竞争,现在我们必须选择自己的未来。既然选择很多,计划就变得很重要。因此个人就要谨慎决策,并采取适当措施来实现个人理想。

职业生涯管理就是计划并找到未来工作和生活的目标和方向。

职业生涯管理包括设定切实目标,并采取实际行动(制定战略)来实现目标。职业生涯管理不仅包括找到合适的工作,还包括促进个人发展(扬长避短),以及平衡工作和家庭生活。当然,职业生涯管理的整体目标就是事业有成、家庭幸福。

1.职业生涯管理步骤

职业生涯管理的基本概念就是根据个人能力、性格和兴趣找到最适合的工作。人在能够发挥才能的岗位上工作就会成功,在喜欢的岗位上工作就会快乐。况且,事业有成、工作开心不正是每个求职者的目标吗?

当然,要找到完全匹配的工作并不容易,因为很多人,尤其是年轻人,不太清楚自己的能力、优势、劣势、兴趣,也不太了解自己的能力适合什么工作。要想好好计划管理自己的未来,首先要做的就是收集自身信息和未来可能从事的职业生涯信息,这样就能制订计划,找到最合适的职业生涯了。

职业生涯管理的四个步骤如下:

(1)自我评估

在确定自己要做什么工作之前,先好好审视自己。人总是在不断变化、成长和发展,所以每个人在确定最适合自己的工作之前都要通过审视内心来进行自我评估。了解自我包括以下几个方面:

①兴趣:一个人喜欢做的事是选择职业的重要参考。修理物品、操作电

脑、烹饪美食、照顾孩子等等日常活动和技能都可以变成职业。

②性格：每个人都有独一无二的情感和行为特征，两者组合便呈现了独特的性格。不同性格适合不同职业，比如一个人开朗、友好、健谈、善于交际，那么他就适合做销售、客服、公关之类的工作。

③技能：技能不仅来自以往的工作经验，还来自社会服务和生活中的其他方面。技能共分五种。

o 可迁移或功能性技能——某项工作中培养和使用的技能，同样能用于另一项工作。

o 人际交往能力——高效交流和与人和睦相处的技能。

o 工作技巧——计划、组织、高效开展工作的技能。

o 思考能力——学习、适应、分析问题、决策、给出解决方案的技能。

o 技术或工作内容技能——通过培训获取的能力，通常只适用于几种职业。体会到运用这些技能所得的满足感有时可以预示几种不同的职业选择。

④天分：天分往往预示人在特定领域的潜力。人们总是对轻松习得的技能习以为常，但这些恰恰就是考虑职业时需要探索的领域。天分经过训练也可能成为职业选择。

⑤职业观：提升工作满意度所需的工作动力和个人驱动力因人而异。审视自己的职业观有助于摆正工作在生活中的地位。但是随着长大、成熟，一个人的价值观会有所改变。所以一个人20岁时选择的职业可能和他四五十岁时选择的不同。

⑥生活方式和经济考量：一个人所向往的生活条件会影响职业选择，反过来也是一样。想想自己要过怎样的生活，这样的生活要多少开销，从而可以知道职业选择会对自己和自己所在乎的人有多大影响，以及两者间是否存在鸿沟。经济考量至关重要，了解自己每月开支，制定切实的经济目标有助于选择合适的职业。

⑦工作环境偏好：工作环境偏好和选择做什么工作一样重要。工作环境在很大程度上会影响人对工作的看法。工作舒适度通常意味着职业选择成功与否。

为了更好地了解自己，西方人一般在小的时候就做过不少自我测试。测试类型五花八门，有自我评估、兴趣量表、能力倾向测验等等，还有其他帮助了解自我的测验。

（2）探索职业

了解自己之后，就要收集未来可能从事的职业的相关信息，然后才能知道哪些职业和自己的才能最匹配。只有这样才能在工作中收获成功与快乐。

收集信息的方法有很多，比如：

· 职业兴趣测试；

· 与家人、朋友、老师和其他人交谈；

· 咨询职业顾问；

· 工作实习。

美国心理学家、职业管理倡导者约翰·霍兰德提出的职业选择理论广泛应用于各类自我测试，可以说是最有名的一类测试了。

①约翰·霍兰德的职业选择理论[①]

美国心理学家约翰·霍兰德开发了一种科学匹配个性与工作的方法，认为"职业选择就是表达个性"，要想找到一份令人满意又富有成效的好职业，首先需要知道自己是什么样的人（了解性格）。霍兰德将性格划分为六种类型，包括实际型、研究型、艺术型、社会型、企业型、常规型（一个人可能同时符合几种类型），在此基础上开发出一种性格测试，然后针对每种性格类型建议最合适的工作环境。

霍兰德的理论并没有把人限定为只有某一种性格，也不是说"世界上只有六种性格的人"。恰恰相反，霍兰德认为每个人都或多或少具备这六种性格，只是程度不同，这样的话，霍兰德六边形就可以描述 720 种不同性格类型。但兴趣量表和职业分类测试往往只用两到三种占比较大的性格类型来指导职业选择。

性格大致分为六种，霍兰德六边形经常把它们的首字母合在一起，用 RIASEC 来表示。霍兰德理论的六种性格特点如下，职业参考如表 3-2。

· 实际型（R）——注重实际，愿意从事操作性工作，动手能力强，喜欢使用工具；

· 调研型（I）——善思考，有学识，有科学头脑，不断探索未知；

· 艺术型（A）——有创造力，乐于创造新颖成果，个性强，心态较为复杂；

---

① 参见 http://www.careerkey.org/asp/your_personality/hollands_theory_of_career_choice.html。

- 社会型（S）——乐于合作,关爱他人,乐于助人,善于言谈;
- 企业型（E）——喜欢竞争,具有领导才能,善于说服他人;
- 常规型（C）——关注细节,细心有条理,习惯接受他人领导。

表 3-2　霍兰德理论的六种性格及职业参考

实际型	调研型	艺术型	社会型	企业型	常规型
农业工作人员	精算师	演员	美术治疗师	教务管理人员	会计
考古工作人员	计算机科学人员	动画制作人员	听力矫正师	工商管理人员	精算师
建筑师	经济师	艺术心理治疗师	保姆	通信工作人员	管理人员
航天员	工程师	艺术家	管理员	保险人员	教务管理人员
运动员	金融师	作家/诗人	顾问	投资银行家	投资或银行业务人员
厨师	律师	舞蹈治疗师	舞蹈治疗师	新闻工作人员	工商管理人员
计算机科学人员	数字运算人员	表达治疗师	教育人员	法律或政策制定人员	办事员
司机	药师	平面设计师	教育科技人员	市场或广告商	文案编辑
电力工程师	医学人员	图书与情报人员	武术指导	管理人员	教育科技人员
工程师	（所有领域）学者	科学工作人员	音乐治疗师	管理顾问	客服
消防员	心理学家	音乐治疗师	护士	公共健康人员	校对员
园丁	精神病医生	音乐家	营养师	出版商	接待员
信息技术人员	科学工作人员	画家	内科医师	公关人员	零售商
教育科技人员	统计工作人员	——	学者	公共政策人员	秘书

续表

实际型	调研型	艺术型	社会型	企业型	常规型
武术指导	外科医生	—	心理学家	房地产业务人员	技术文档工程师
机械师	—	—	社会工作人员	零售商	其他传统工作人员
机械工程师	—	—	教师	股票经纪人	—
护理人员	—	—	神职人员	推销员	—
药剂师	—	—	（工业）训练员	—	—
临床医师	—	—	语音语言病理学家	—	—
飞行员	—	—	职业治疗师	—	—
兽医	—	—	—	—	—
警察	—	—	—	—	—
士兵	—	—	—	—	—

②斯特朗兴趣量表

斯特朗兴趣量表（SII）是一种用于帮助人们做出教育和职业选择的评估方法。这种评估方法最早于1927年由斯坦福大学研究员斯特朗（E. K. Strong）完成。自引进之日起，斯特朗兴趣量表不断改进，其间吸收了霍兰德的理论。量表是问卷形式的，由317个精心设置的问题构成，涉及测试者对多种日常活动的兴趣程度（比如简单描述职业、职业性活动、爱好、业余休闲、学校课程等）。测试者要在答题卡上的三个答案中挑出一个最符合自己情况的答案，随后使用计算机分析答案，在兴趣类型衡量表（即量表）中得出相关分数，最后概述结果，附以解释信息，系统呈现量表。测试者拿到结果后，通常会和职业顾问会面，顾问会从专业角度解读量表，针对测试者下一步的选择提供建议。

（3）获取经验

进入大学后就有机会获取宝贵经验，助力日后取得职业成功。如果还在上高中，可以参加学校的俱乐部和活动（体育、戏剧、演讲、志愿活动、英语角等等），这些都可以成为大学申请表上的加分项。毕竟大学都希望能够招收成绩优异，同时又热心参与学校事务，领导、沟通、组织、合作能力良好的学生。进入大学以后，就要尽可能多参与活动，在尝试新事物的同时发展兴趣，积累经验。毕业找工作的时候，这些都会给未来的雇主留下好印象。

（4）制订计划

制订计划是职业生涯管理和规划的核心。

制订计划就是要回答以下几个问题：

- 我想做什么？
- 我为什么想做这个？
- 我该怎么做？
- 我在哪里能做这个？
- 谁能帮助我？
- 我什么时候可以做这个？
- 要投入多少（时间和金钱）？

制定目标和采取行动实现目标需要周密的计划。职业规划一般分为短期目标、中期目标、长期目标以及相应的行动步骤。

2.立刻行动

无论计划多完美，如果不采取行动，就没有价值。很多人只是在大脑中计划，从来都不写下来，也就没有行动日程表，所以迟迟没有开始行动。这就是绝大多数计划失败的最主要原因。你有没有计划过要做某件事，然后说"我今天没有时间"，或"明天（或下星期或明年）再做"？如果是的话，你就和大多数人一样了。等待就是在拖延你的梦想，就是失去今天可能拥有的机会。

为什么要等？一旦定下目标，这是最需要回答的问题。比如说，有很多学生告诉我："我想当公司的总经理（CEO）。"我就会说："那你还在等什么？"然后他们就会用看疯子的眼神看着我，因为大家都知道还在上学的学生不可能当总经理。接着我就会让他们认真思考一下：总经理是什么？是领导，是管理者。总经理必须学会合作，带领整个团队向共同目标前进。那为什么不现在就开始实践，培养领导力、团队合作和机构运营能力呢？如果以后想当总经理，那你最好现在就开始锻炼这些必要的能力并积累经验。要想实现目标，现在可以做很多事：加入社团组织；竞选领导岗位；积累团队项目经验；做兼职工作，并了解现实社会机构运营的机制；读成功的总经理的自传（失败的也要读),向榜样学习并且吸取他人的教训。当总经理(的目标)是一项长期的工程,应该从现在开始,从今天开始!

采取行动首先要做的是了解自己现在能做的事(从今天开始),然后把它们排进每日或每周的日程中。所有值得追求的目标都需要长期努力,不积跬步,无以至千里。从简单的小事做起(就像婴儿迈出第一步),我们的速度会渐渐变快,一步步接近目标。只要好好计划并有效行动,梦想终会实现。

第四章

职业规划的必要性

　　人人都有梦想。梦想给人以希望,梦想给人以目标和方向,梦想激励人前行,梦想点亮未来。有梦想很容易,为之规划却很难。要想实现梦想,就必须采取行动,行动的第一步就是规划。没有规划的梦想只是不切实际的空想。

　　很多中国学生发现,到了美国以后他们的梦想根本实现不了。造成这一情况的首要原因就是缺乏完整的计划。要想成功度过大学阶段,至少要做 6 年规划——第一年怎么考入心仪的大学,中间四年怎么好好地利用大学时光,最后一年怎么顺利进入职场。但是家长、学生甚至留学机构都只把重心放在第一步——考入一个好大学(第一年的计划),然后就没有了。中国学生往往按照惯例用中国人的方式度过大学四年,他们不去锻炼社交能力,不去充实自己的简历,不和美国人交朋友,不培养自信、创新、领导、合作及其他个人能力,只是像在中国那样,一门心思读书,争取考高分。对很多中国人来说,这不需要规划,这仅仅是习惯而已。

一、战略规划

　　本章重点讨论战略规划,也就是长期计划,看看自己未来想成为什么人,做什么事。着眼未来也就是把目光放远,比如你想当室内设计师(在中国这可是很有潜力的职业),你应该怎么规划?我们简单地列一个 6 年计划,包括出国留学阶段。注意这个计划是倒序的,从长期战略目标——当室内设计师——开始。

战略规划示例(室内设计师)

　　梦想(愿景)成为中国知名的室内设计师,尽我所能帮助人们设计美丽且舒适的居住环境。

计划：

　　第六年：就职于中国知名的室内设计公司,最好是风格前卫的公司

　　第五年：以优异的成绩毕业,去一家美国室内设计公司实习

　　第四年：继续学习室内设计专业课

　　第三年：修完公共基础课程

　　第二年：到达美国,开始留学生涯,学习基础课程(数学、英语、科学、历史等)

　　第一年：准备留学,搜集室内设计专业的信息,列出大学名单,提交申请

二、构建愿景

还记得马丁·路德·金的著名演讲《我有一个梦想》吗? 他的整个演讲都在描绘美国摆脱种族主义的愿景。所有人都有梦想,你的梦想是什么? 能表达来吗? 如果可以的话,你已经在构建愿景的路上了。但愿景不是个人梦想,而是共同梦想,愿景因分享而强大。

三、设立目标

设立目标就是要回答以下问题,这些问题关乎未来：

- 我想成为什么样的人?
- 我想做什么?
- 我为什么想做这个?
- 我要怎么做?
- 什么时候做?
- 谁能帮我?
- 要投入多少?

设立目标其实就是平时说的"制订计划",再简单一点,就是"规划"。计划由一系列目标构成,然后采取得力的措施,利用必要资源,一个个去完成。实现目标的过程需要明确行动步骤和合理资源安排,尤其是时间和金钱之类重

要的资源。根据时间长短,目标可分为短期目标(<1 年)、中期目标(2~5 年)和长期目标(>6 年)。如果计划超过 6 年,就要做战略规划了。

如果不知道自己为什么要做,什么时候做,怎么做一件事,你敢说真的知道自己想要做什么吗? 显然,目标(希望得到的结果)和目标实现过程密不可分。如果不能回答以上问题,目标就不复存在。如果你不知道为什么要实现,如何实现以及何时可以实现目标,那么你这份计划就不完善,甚至存在致命漏洞。有些人很清楚自己想做什么(就算年轻时职业目标会经常改变,就像学生探索和尝试不同的职业选择)。可是真实情况是,很多人甚至从没考虑过未来目标。好好想想下面这些常见的"是什么"类问题,每个申请美国大学或者签证的学生都要回答这些问题:

• 你去美国留学的目的(目标)是什么?(目光短浅的学生会觉得回答这个问题就像脑袋上挨了一锤子,因为他们只会说"我的目的就是到美国留学啊!")

• 在美国完成学业后你的目标是什么?(大多数学生及家长光想着怎么申请美国大学,完全没考虑过之后要怎么办。)

• 你的职业生涯目标是什么? 留学生涯如何帮助你实现这一目标?(要是没有职业目标,那根本没法回答为什么到美国留学可以帮你实现目标。)

• 你学习和职业生涯的长、中和短期目标分别是什么?〔这个问题是为了测试你的未来设想是否前后一致、有条理、有逻辑;要是短期目标(去美国)和长期目标(当总经理)逻辑上不一致,那么签证官就要怀疑你是否有必要去美国了。〕

因此清楚自己想做什么在实践中非常重要。年轻人大都觉得这个问题很难,他们的答案往往是"我不知道"或者"我不确定长大后想做什么",还有些人会有非常简单笼统的构想,比如"想成为商人"、"想阖家幸福"或者"挣很多钱孝敬父母"之类的。以上这些都只是愿望而已,还算不上真正的目标。愿望就是自己的意志,不需要考虑现实环境。与愿望不同,目标要基于现实情况、认真的分析及接下来的决策。SMART 计划法是设定目标的好方法。

四、SMART 计划法

高效任务管理的前提就是做规划。如果没有规划,几乎不可能实现目标,也不可能完成生活中必做的事。我们可以把生活和工作中的事情分成两类：必须做的事和想做的事。必须做的事就是无法选择的事，比如吃饭、睡觉。如果你是学生，你就必须上课，花时间做作业，完成老师布置的任务，还要准备考试。优先排序就是分清必须做的事和想做的事。制订计划时首先要考虑的是必须做的事，其次才能依据重要性安排想做的事。

制订计划就是回答以下问题：

- 我想做什么？（设立目标）

- 为什么想做这个？（了解动机）

- 我该怎么做？（列出步骤）

- 什么时候做？（安排时间）

- 谁还能帮助我？（获取信息或建议）

人人都有目标，但是大多数都没有实现，因为他们不知道怎么设定可实现的目标。图 4-1 为时下流行的设定目标的方法——SMART 计划法，它有助于设定有意义且能够实现的目标。设定目标时，需要做到"SMART"，也就是说目标必须[①]：

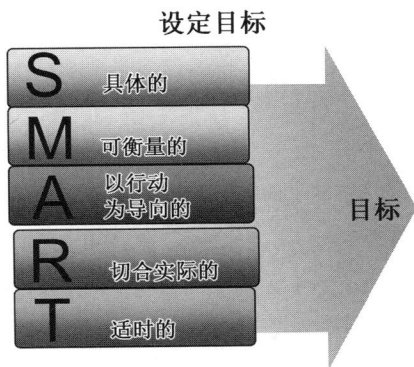

图 4-1　SMART 计划法图示

S 表示具体的且重要的——目标要具体清晰地阐明想做的事，而且应当是对自己来说很重要的事情。

M 表示可衡量的——可衡量的目标能够让自己看到进步，也可以知道自

---

① 目标设定相关信息编选自《时间思考：有助于个人与职业成功的资源》，参见 http://www.tim-ethoughts.com/goalsetting/smart-goals.htm。

己有没有走偏,离目标还有多远。

A 表示以行动为导向的——也就是目标应当侧重行动,要针对每个目标写下行动计划。写下从今天开始,为了实现目标的每一项日常活动或每一个行动步骤。行动计划包括准备做什么、在哪个时间段做以及具体准备怎么做这件事。

R 表示切合实际的——切合实际的也就是可以实现的,但也不是说目标要非常简单。短期目标实现的可能性应高于 80%,长期目标难度更高,实现概率就降低了。就算现在完全不知道要怎么实现,也可以给未来 5~10 年立个大目标。

T 表示适时的——适时的目标就是说要有时间轴或日程表之类的工具,从而确保自己每几天、每几个星期、每几个月就会有进步,看看自己还在不在"正轨"上,也就是有没有在按照预期取得进步。要是没有的话,就要重新审视一下自己的计划并做出适当的调整。

短期目标(1 年以内要做的事)、中期目标(2~5 年内要做的事)和长期目标(5~10 年内要做的事)应当并举,其中短期目标会比中长期目标适合 SMART 计划法。关键是所有目标要相互协调,助力一步步走向预想的未来。

SMART 计划法示例

假设你的目标是"提高英语",仅仅这样还不符合 SMART 计划法,因为不知道你具体想提高英语的哪个方面,没办法衡量(你想要提升到什么程度),也没有侧重行动(没说你打算怎么提高),也未考虑时间(你有时间或者兴趣吗),而且也没说明你想要什么时候实现目标。接下来我们采用 SMART 计划法,为"提高英语"这个目标制订一个有效计划:

具体的:想好要提升读、写、听、说中的哪个方面,如"我想提升交际英语(口语)"。

可衡量的:必须确定要把口语提升到什么程度。衡量口语进步的方法有很多,比如词汇、发音以及话题多样性等。不妨这样说,"我每星期学 15 句用于日常交流的句子"。

以行动为导向的:你怎么学这 15 句话?是自己学?和朋友一起学?在培训班学或者是其他方法?一个可供参考的例子,"我会和室友结成口语练习的搭档"。

切合实际的: 每周 15 个句子现实吗? 能在几个月时间里让你的口语显著进步吗? 或者你平时太忙了,没空学习并记忆这么多句子。

适时的: 列下学习日程表,把它变成每日或者每周例行工作的一部分,这和行动部分紧密相关。要是没有列下详细的时间表,你很可能就会借口"太忙"或者"忘记了",然后无限期拖延下去。

最后,把目标用 SMART 计划法写下来,"提高英语"就会变成:

"为了提高口语,我和室友约好春季学期开始每周三下午 5 点到 6 点一起学习 15 个新句子,每周练一个主题。"

如果 15 个句子不够或者见面时间不方便的话,就要调整计划,重点是目标明确(15 个新句子),且找时间行动起来。

"什么时候……"这类问题也很重要。很多人想当然地以为"什么时候"就是以后,却忘了以后就是从现在开始的。如果想实现(以后的)目标,从现在就要开始准备采取行动了!"什么时候"这类问题还有一个要点是时间管理(我什么时候才能找到时间做这件事)。和钱一样,时间也是重要资源,就像我们知道怎么做预算、怎么省钱一样,我们也要做时间预算,节省时间。其实时间预算比金钱预算更重要,因为钱就算花多了也可以再挣,损失可以弥补,但时间不一样,时间没了就是没了,不会再回来。做时间预算就是把事情按优先级排序,不要在低回报或者压根没有回报的事情上浪费时间,这项能力无论是在美国留学还是以后的工作中都很重要。我们经常听到别人说"我今天没时间","我还没来得及做",这些话有时自己也会说,但谁说这些话,谁就是做白日梦的人,有计划的人才不会这样说话。

要怎么实现目标? (从今天开始)要采取什么措施才能实现未来目标? 中国学生留美签证被拒最主要的两个原因是:①资金能力证明材料不足;②学生对学业和职业没有清晰的计划。大多数学校招生办都要求学生提交个人陈述,用 200~500 字讲述自己的职业目标,以及在该大学求学如何帮助个人实现目标。所以如果你没有方向,无法凝炼地表述目标,那你的梦想就永远不会实现。

怎么知道自己的方向呢? 怎么找到赴美留学的主要原因? 这些原因既现实,对个人而言又富有意义。如何了解在美留学和未来职业间的关系? 首先,要了解自己;其次,尽可能了解未来可能从事的工作和职业。

无数专家学者一遍又一遍地强调，如果想要获得成功、生活幸福，就必须了解自己。了解真正的自己，知道自己的习惯（无论好坏）、天分以及缺点等等。如果对自己没有切合实际的了解，那在追寻幸福的道路上不会走太远；如果对自身了解不够，就会落入生活的陷阱，最常见的就是虚荣和自卑。

虚荣会让人高估自己，虚荣的人会觉得自己比其他人都聪明，可以和最优秀的人竞争，应该去最好的学校，做最好的工作。但当发现自己被排名前十的学校拒收时，他们就会非常生气，感到失望，把错推到曾经帮他们或建议他们选择学校的人身上，或者说学校"不公平"。自大到这种程度的人会遇到很多问题，得不到他人认同，人生处处是麻烦，最后他们会愤世嫉俗，觉得生活不公平。这种消极态度导致他们感受不到别人的温暖与爱意，结果一生孤独悲伤、自怨自艾。

对自己不够了解的人还可能走向另一个极端——自卑。自卑有很多种形式：不自信，或者对自己、人际关系、能力和未来没有安全感。人会变得胆怯、害羞，害怕尝试新事物，也很难了解自己需要什么，在做决定，尤其是困难的决定时，犹豫不决。这样的人害怕生活中的大风大浪，一旦事情变难，就会轻易放弃，回到舒适区。他们做着简单重复的工作，不会去尝试挑战，即使这些挑战有助于个人发展。他们一生都躲在情感和社会的保护中，把真正的自己藏起来，不让世界知晓，更可悲的是，不让自己知晓。

要想避开这两个悲剧性的（也是常见的）生活陷阱（还有其他没有提到的），需要好好通过"镜子"来审视一下自己。所谓"镜子"就是对自己的过去、习惯、成就和失败进行认真审视，然后仔细、客观地分析自我，这样才能如实评价真正的自己，既包括优点又包括缺点。这个"照镜子"的过程就叫自我评估。如果发现真正的自己和想象中的自己，或者家长、朋友、老师希望自己成为的样子不一样，就会失落气馁。然而，无论痛苦与否，要想找到方向、树立现实世界中实际的、有价值的目标，自我评估是必不可少的前提和基础。第六章中有部分练习，可以帮助大家更好地了解自己。一旦了解了真正的自己，就可以清晰地预见自己的未来。

探索完内部心灵，该探索一下外部世界了。探索外部世界就是尽量收集想要生活、学习或工作的那个地方的相关信息，也就是为出国留学这个短期目标投入时间和精力去了解学校和专业。

相当一部分学生和家长没有好好研究过申请的学校，更不用说以后的工作和职业了。大多数只调查了网上的大学排名（都懒得去看排名的根据，也不在乎排名只能部分反映教学质量）。家长和大多数学生都简单地认为能申请到的排名最高的学校就是最适合自己的、最能保障未来的学校。家长的逻辑是这样的：学校排名越高，教学质量就越好；孩子要是能拿到这些学校的文凭，无论他将来想做什么，找工作的时候一定会更受欢迎。别以为绝大多数中国人挑选留学学校只看排名的做法肯定是对的。只根据排名挑选学校，那选择就和自身的背景、兴趣和目标没有任何关系了。如果这么盲目地找学校，你仍能基本适应，而且学得开心，只能说是你运气绝佳。但接下来还要准备从事以前从未考虑过的领域，这就前程未卜了。

事实上，针对在国外毕业的中国学生的调查和研究反映出的趋势令人担忧：大多数学生对自己当初的"选择"并不满意，很多人的英语没有显著提升，不和外国学生交往，毕业前不去实习，也没有做兼职工作积累经验；毕业以后，他们想在美国找工作，但是很快发现没有美国公司愿意（尤其是在经济萧条时期）招收口语不好、没有工作经验、职业目标方向不明确的人。就算有美国大学文凭，他们在美国人才市场上也没有竞争力。然后他们决定回国，觉得中国或中外合资企业肯定会青睐美国文凭。但回国以后又发现中国人才市场的竞争更甚于美国：企业需要英语口语优秀的人，需要有工作经验，尤其是有管理和项目团队经验的人。他们一遍遍跟招聘经理说"我有美国名校的文凭"，但招聘经理只是答道："抱歉，我们要招的不是美国文凭，我们需要的是有相应技能和经验的员工。"

以上正是越来越多的中国海外学子面临的现状。为什么大家今天不把他们称为"海龟"，而改称为"海带"？2008年一份中外企业调查显示，国外文凭（即使是美国文凭）在求职的时候并不比中国文凭有优势。相较于过去，国外教育在中国的地位降低了，原因有两个：①现在中国的高等教育，尤其是与商业相关的和MBA项目的教育质量大大提升；②现在海外留学的学生质量不如以前了。这项调查里还有一个问题，即企业是否更倾向于聘用名校学生（比如中国的重点高校或美国的"常春藤联盟"学校）。结果显示只有1/3的公司认为常春藤名校毕业的学生会有优势①。因此,出国留学和国外学校排名似乎不再如以前重要。

如果在挑选学校之前能够花时间了解一下自己并对未来从事的职业有了更明确的方向,会有哪些益处?

举例:自我认知在计划中的重要性

了解自我:近几个星期,他一直在想这些问题:"我是什么样的人? 我喜欢做什么? 擅长做什么? 我的个性和经历适合做什么工作?"好好回顾了过去那些能让他开心激动的事情,也想起了上学时那些他不擅长的科目、不喜欢的活动,他列下两个清单:一个是"我的优势",另一个是"我的劣势"。这两个清单虽然简单,却是进行自我评估的好方法。他依据过往的经历、性格、兴趣爱好、社交情况和健康习惯列好清单,一切就很清晰了。他首先会觉得"哇,没想到目前为止我已经做到了这么多",然后再看另一张清单,冷静且严肃地说道:"但我还有很多地方需要改变、需要提高。"现在他对自己有了更深刻的认识。以后申请大学或者参加工作面试时,如果对方要求简单介绍一下自己,他就能清晰、自信地陈述自己的优缺点。

寻找职业方向:列完上文的两个清单后,他发现自己喜欢从商。他希望自己有朝一日能成为一名成功的商人,收入丰厚,而且备受敬仰。但具体从事哪个领域呢?他又回过头去看两个清单。他的强项主要是:想象力丰富,善于创新,善于交际,性格外向,喜欢与人打交道,乐于接受挑战,有进取心。然后通过上网做职业性格匹配测试,他发现自己的性格和兴趣最适合营销工作,但还是不确定具体从事哪方面营销(广告、销售还是市场调研)最合适。于是他搜集了营销领域各种职业的信息,增进对不同职位以及头衔的了解。他列出更多的清单:中国和美国哪些城市在这一领域中工作机会最多、条件也最好,再在旁边写上这类职位最看重的能力以及要求。他很惊讶地发现两个国家在这些方面并没有什么不同——他

---

① 麦肯锡调查。以色列也有相关研究,比较名校学生和普通大学毕业生求职之路后发现,名校学生的唯一优势就是得到面试机会的概率更高。长期看来,更重要的是应聘者的能力,而不是文凭上的校名。(《纽约时报》2011 年 7 月 2 日文章)

想,这应该就是人们说的全球劳动力市场。最后他把清单再分成两部分:已经具有的能力和尚需获得的能力。

挑选学校:第二个清单(尚需获得的能力)指明了教育选择的道路:他寻找能够培养他尚不具备的能力,以便将来从事目标行业的项目(专业、培训、专业课程、实习机会、行业协会等等)。他要申请的学校也应该是最适合他的目标职业、能够帮助他锻炼所需能力的学校。选择的时候也不是仅仅依据排名,而是深入了解后列下开设合适营销课程的学校清单。最后,再根据自己的目标和需求而不是根据《美国新闻和世界报道》中的学校排名,他申请了清单上前五个学校(有一个恰好是顶尖大学)。结果五所学校都发来了录取通知(因为他在申请表中清楚地表述了自我认知、职业目标、学习目标以及在该校学习如何有益于未来)。去上学后,他大量结交美国朋友,参加社区活动聚会,练习口语,然后通过美国朋友带来的交际圈获悉了更多实习和就业的机会,比学校就业中心提供的还要多。每个学期他都做和未来职业相关的兼职工作,每年暑假都去实习两个月,等到毕业的时候,他的简历长达两页,大部分都是大学四年的工作和实习经历。毕业前几个月,他就开始投简历、找工作,参加了几场校内校外面试,然后在毕业前一个月,成功找到了工作,和美国一家全球顶级公司签下合同。

只要了解自我、了解教育和工作方面的潜在机会,就可以针对需求和愿景制订计划;了解教育和工作能带来什么之后,计划也会更加可行。

第五章

自我评估和留学第一步

一、为什么需要自我评估

美国高校和中国高校不一样,他们希望在录取之前对学生有些了解。他们不仅要求学生学业有成,还要求学生能在社交和情感上适应学校。不少学校还重视生源多样性,所以会尽量招收不同种族、不同民族及不同教育背景的学生。除此之外还要考虑经济因素,学校倾向于招收能够支付全额学费的学生(尤其是留学生,因为国际学生在美国申请经济补贴有严格的限制)。

写入学申请书有两个目的:①自我介绍;②让对方觉得你适合他们学校。中国学生申请美国学校时经常会有一大误区,就是认为分数决定一切。有这种想法很正常,因为这就是中国教育体系的现状。但是美国不一样。考试分数(SAT、ACT、TOEFL、IELTS、AP 等等)只是学校评估入学申请的考虑因素之一,学校还会考虑其他两类因素:客观因素和主观因素。

客观因素是可衡量的因素,通常会记入所有申请人和候选人的数据库,以建立所有申请人的"人员档案",包括考试分数、绩点、支付学费和生活费的经济能力、高中毕业学校的情况、高中所修课程的情况及相关性、籍贯,以及种族和民族。申请表的前几页要求学生填写的就是这类信息。

主观因素就是每个学生独有的方面,反映学生的性格、个性、目标和特长等。学校想了解的是申请人"有没有领导能力""性格开朗与否""是否愿意为社区做贡献""能否平衡学习与社会生活""是否足够成熟以适应外国文化""是否能够与他人相处融洽"等诸如此类的问题。衡量主观因素更加困难,但是大多数学校(尤其是规模较小的文理学院和顶尖学校)还是会尽力好好评估。学校会通过申请表中的内容,比如学校活动、工作经验、志愿活动以及个人陈述,来了解申请者的个性。也有学校会以面试形式(当面、电话或者网络)了解申请者。

二、自我评估

自我评估有助于挑选更适合自己的学校。当需要做自我介绍,讲述自己的经历、兴趣、未来的目标和计划时,自我评估能让我们更了解自己是谁以及自己想要什么。本章的一系列练习可激发对自身的深入思考并加深自我理解。

你是谁?

一个不了解自己的女生

高中生卓雅申请了几所顶尖大学。这天,她接到了一所大学的电话。学校想进一步了解她,同时测试一下她的英语理解能力和口语水平。

面试官:"你能介绍一下自己吗?"

卓雅:"我叫王卓雅,今年 18 岁,毕业于天津南开外国语中学。我爸爸是经理,妈妈是家庭主妇。我喜欢游泳、打羽毛球、购物。感谢你们给我这个机会。"

面试官:"你为什么选择我们学校?"

卓雅:"因为你们学校很有名,我觉得在你们学校上学会很开心。"

面试官:"谢谢,再见。"

面试不到一分钟就结束了。之后卓雅收到了该校的一封信,拒绝了她的申请。她非常伤心,也很困惑。

你知道为什么学校拒绝卓雅吗?

可怜的卓雅对自己了解还不够,根本没办法多聊一分钟。她只是陈述了自己的学校、个人兴趣和家庭等基本信息,没有提供任何细节,也没有说明为什么觉得自己适合申请这所大学。

你知道自己是谁吗?你不是你的名字、年龄、学校、专业,甚至(新东方所宣传的)成绩。你是独一无二的人,拥有与众不同的品质。那你知道自己独一无二的品质吗?

如果不知道,那么不管是选择最适合自身背景的学校,申请学校,写个人陈述,还是在面试中介绍自己,选择专业,找到并从事自己喜欢的、收入可观的职业,对你而言都是难题。学校(用人单位)希望录取(录用)对机构有益的人,如果不知道自己有什么价值,或是没法告诉别人自己的价值,那就很难被录用了。

本章就是要帮助我们加深自我了解,知道自己能为学校(用人单位)做出什么贡献。简单地说,就是了解自己并让别人了解自己的价值。要了解自己,就要做自我评估,深入分析自己的天分、能力、经验、知识、兴趣和价值等,并理解这些内容如何与美国高校以及用人单位的需求联系起来。

上一章介绍了职业生涯管理四步骤,其中第一步就是了解自我。如何了解自我?一种方法就是完成自我评估。本章会带着我们走出职业生涯发展第一步。本章提供的大量练习包括自我评估。练习时要求深入观察自己,并思考"我有没有大学需要的品质"以及"我该如何锻炼日后求职竞争所需的能力",这样就会逐渐发现自己对于大学和用人单位的价值。

令人惊讶的是,很多人(尤其是年轻人)对自己的优缺点认识不清,因为他们从来不花时间回顾人生,也就不了解自己的能力、性格、兴趣和知识。而且,很多人不愿意去反思那些不愉快或悲惨的经历或自己的弱点,所以他们无法像其他人一样真正了解自己。

要想了解自身价值,自我评估必不可少。自我评估就是深刻、彻底、客观地反思和分析自己的能力、经验、教育、性格和兴趣。

不了解自己的学业成就,不了解自己的优缺点、兴趣爱好和性格特点,就无法选择合适的学校,甚至连申请表都不会填。很多人申请时被拒就是因为他们不了解自己,不知道自己想要什么,因此申请表填得很糟糕。

自我评估有助于:

(1)挑选与自身能力、兴趣以及未来职业规划相匹配的学校。

(2)填写大学申请表。

(3)撰写个人陈述——能够讲述生活中的重要经历、自己最关注的事情以及未来的目标。

(4)获得自信:清楚了解自己是自信与成功的关键。

(5)深刻理解自己的优缺点。

（6）找到兴趣所在,然后找到学业以及社会生活方面最适合自己的学校。

（7）提供自我提升平台,从而继续成长并提升自己对他人、对工作和对社会的价值。

（8）找到合适的概念和词语,尽可能有效地向大学招生办人员传递自身价值。

第一个也是最重要的问题是"你为什么要来美国留学?"。列出所有你能想到的去美国留学的原因,既包括离开中国的原因(推动因素),也包括美国吸引你的地方(拉动因素)。

_____

_____

_____

_____

_____

_____

_____

_____

1.第一部分:学习情况

高中阶段你最擅长哪个科目?

你最不擅长哪个科目?

你最喜欢哪个科目? 为什么喜欢?

你大学想读哪个专业? 为什么想读这个专业?

口语:

（a）满分10分,你给自己的口语打几分?（1＝很差,10＝很好）____为什么?

（b）下列哪项描述最符合你的英语口语使用情况?（在正确的选项前打钩）

____每天;____每周;____仅偶尔在课堂上;____很少;____几乎从不

（c）你有可以用英语对话的外国朋友吗?　____有;____没有

（d）英语会给你的职业带来哪些帮助?

_____

_____

_____

_____

_____

2.第二部分:经历

描述你高中时期参加的学校社团、体育运动以及活动:

名称   时间   角色   收获

_____

_____

_____

_____

经历——最好的和最坏的

迄今为止我人生中最美好的经历:

_____

_____

_____

_____

迄今为止我人生中最糟糕的经历:

_____

_____

_____

_____

兴趣爱好:空闲时间你喜欢做什么? 写下你闲暇时间的爱好和休闲活动。

_____

_____

_____

_____

_____

3.第三部分:职业目标

描述你留学毕业后未来的打算。

_____

_____

_____

_____

4.第四部分:个性性格

描述你的性格:积极的和消极的方面。

积极的方面:

_____

_____

_____

_____

消极的方面:

_____

_____

_____

_____

优缺点:

优点:

_____

_____

_____

_____

缺点：

_____

_____

_____

_____

运用以上信息在一分钟内介绍自己：

_____

_____

_____

_____

以下是大学申请表中作文部分常见的问题。你要熟悉这些问题，做好准备充分回答这些问题，最多不超过 500 个字。

(1)为什么选择我们学校？和其他学校相比，我们学校有什么特别吸引你的地方吗？

_____

_____

_____

_____

(2)讲述过去一件改变你人生的事件。描述发生了什么，你做了什么以及这件事如何影响了你的成长。

_____

_____

_____

_____

（3）你认为当今人类面对的最严峻的社会、政治、环境或技术挑战是什么？选择一个挑战，并详细陈述该挑战引起了什么问题，并给出几种可能的解决方案。

_____

_____

_____

_____

（4）我们为什么要录取你？讲述你的特别之处，以及你可以为本校校园生活做出什么贡献？

_____

_____

_____

_____

（5）陈述你的未来职业目标，并说明在本校学习如何帮助你实现目标。

_____

_____

_____

_____

_____

三、寻求留学中介帮助

很多（或者绝大多数）中国家庭送孩子出国留学时，都会找留学中介帮助挑选要申请的学校。中国大约有 1 万家留学中介，但只有 428 家有教育部授权，并在工商局注册。留学中介的服务对象不仅包括准备留学的学生，还有国外大学，比如耶鲁大学、哥伦比亚大学、布朗大学、俄亥俄州立大学、南加州大学等。这些大学付钱给留学中介，让中介帮忙在中国宣传招生。学校每招收一个中国学生，中介机构就可以拿到一笔钱，所以中介机构有两个收入来源——学生家庭和最终录取学生的大学。因此，中介机构就有可能只推荐那些能支付佣金的学校,这对学生来说是一种风险①。虽然中介机构推荐的都是好学校,但并不一定适合这个学生。而且如果留学中介没有教育部授权的话,就是非法运营,最好还是别选这些机构。没有营业执照的机构经验相对较少,而且合作对象可能还是名气不大、急需留学生的大学。教育部每年都接到大量投诉,投诉人觉得没有享受到优质留学中介服务,但教育部不可能详细调查每一个投诉,所以很多问题依旧存在。

1.留学中介:帮忙还是误导?

留学中介的费用很高,所以要找知名的、有营业执照的机构。这些机构会把学生的需求放在第一位。留学中介会提供多方位服务,以下是中国留学中介巨头新东方的简介②:

中国北京新东方前途出国咨询有限公司

公司概况

新东方前途出国咨询有限公司成立于2004年,是新东方教育科技集团有限公司的子公司,旨在帮助学生出国留学,为有此想法的学生提供专业咨询和招生服务。

中西方教育体系存在差异,所以想出国的学生很难选择和申请合适的学校。同样,国外学校也很难招收到合适的中国学生。

前途留学专业精通,可以精确分析每个学生,且拥有全国最大的生源库,能为学生匹配最适合的学校。所以,国外学校也有了高效的、广泛的渠道与学生接触互动。

服务范围

- 教育咨询
- 课程选择
- 学校选择
- 高校招生和录取
- 签证申请

---

① 参见:http://uniagents.com/en/consultants-China/index.htm。

② 参见 https://www.uniagents.com/en/consultants/beijing-new-oriental-vision-overseas-consulting-company.htm。

- 奖学金申请

- 留学贷款申请

- 送机或接站服务

- 机场服务

- 住宿申请

- 兼职工作指导

- 心理测试

- 入学考试辅导课程

- 英语课程

- 注册入学和英语测试

- 移民服务

- 海外工作许可

- 高校合作服务

留学中介要做的第一步是咨询,了解学生的基本信息、学术背景、考试成绩(如果有的话),然后建立学生的个人档案,包括需求、愿望、兴趣爱好、过往成绩、未来职业计划,这样才能找到最适合的学校。接下来他们会列出学校清单供选择,很多人会从中介提供的清单中挑选 10～12 个学校。然后就是最困难的部分——准备申请。这一阶段就可以看出正规和不正规的中介的区别。正规中介经验丰富,而且要维护招牌和名誉,所以会推荐适合学生的学校,而不正规的中介只会推荐能支付回扣的学校,全然不顾这个学校是否适合学生。而且,新东方之类的正规中介会提供咨询服务,不正规中介只会全程代写申请,因为顾客(学生)英语太差,自己无法写申请,代写的申请基本上都是编造的,个人陈述、学业成绩、参加的活动、推荐信,有时甚至考试成绩都是假的。这种做法不道德且违法,但是有的学生不知道这一点,或者有的学生知道,但是他们太过迫切要去美国留学。

2.不靠中介去留学

去美国留学还有一条路:中国有些民办学校和美国大学有合作项目,这些学校不需要高考,但也认可高考成绩,学生先在国内学习 2～3 年,然后去美国完成最后阶段学习。这种模式费用不高,学生也有时间提高英语,并且在国内就可以慢慢习惯外教授课。毕业后学生会有两个文凭:一个是中国大学的文凭,另一个是美国大学的文凭。但缺点是学生只能选择和学校有合作项目的学校。中国现在大约有 200 个这样的合作项目,除了美国外,还和澳大利亚、加拿大、英国、新加坡等世界各地的学校建立了合作关系。

这类合作项目具有不少优势。首先,学生在国内学校可以上外教授课的美国课程,同时也要上中国的课程,达到国内大学的毕业要求。其次,国内两年学习的花费远比在美国少。再次,学生在国内的时候就开始熟悉美国的授课模式,所以去了美国后更容易适应。

库克大学(纽约)—中国合作项目

库克大学合作院校包括云南财经大学(YUFE)、天津理工大学、集美大学和温州大学。

目前已有2 700多名学生就读库克—中国项目,已有约4 500名学生顺利毕业。在中美所有合作办学项目中,库克大学的学生数量最多。

最后的选择就是DIY了——自己完成申请过程。本书后续部分会讲述如何自己申请大学。

第四部分
前期准备：选择学校

第六章

如何选择要申请的学校

挑选要申请的学校是整个留学准备过程中最难的一部分。美国有 5 000 多所高校,从中挑出 8～10 所可以申请的学校,这样的工作量是很惊人的,关键是还要找到适合自己的学校。所以第六章才反复强调自我认知的重要性,要了解自己的强项、弱项、个性、爱好和未来目标。只有认识了自己,了解了自己的愿望,才能找到最适合自己的学校。记住,全美排名前 10 或者前 100 不是选择这所学校的理由,有的人就可能很适合耶鲁但不适合哈佛,因为学校也有自己的"个性",这些个性可能适合你,也可能不适合你。

如同我们在上一章所说,选择学校时要回答以下问题:

一、什么时候去留学

1.高中毕业以后

大多数想去美国留学的人会选择在国内上完高中。这些学生分为两类:

(1)参加高考的学生。参加高考的好处在于学生还有另一个选择——还有机会就读国内知名大学,如果考上了,就不需要出国了。如果高考成绩不理想,国内没有什么好的选择,那他还可以申请美国的大学。高考落榜的学生基本会在国内再待一年,去培训中心提高语言水平,然后花点时间寻找并申请美国的大学。其中有些人到了美国以后还要再花半年到一年的时间在国外上英语强化班。

(2)不参加高考的学生。也有人不想参加高考,他们在国内读高中是为了省钱,因为美国私立高中学费很高。他们高中三年不需要紧张备考,只要好好学习英语以便达到美国大学录取标准。和参加高考的人相比,他们的优势在于准备充分,高中一毕业就可以出国留学。

高中毕业以后再留学既省钱,又有更多时间提升语言水平并准备申请大学。但缺点是学生会在大学期间经历文化冲击,需要不断调整自己,还有可能遇到成绩不理想及其他问题。

2.在高中期间

现在,高中期间去留学的学生越来越多,其中又以高二和高三的学生居多。高中期间留学有如下优势:

(1)学生在上大学前就可以提高英语水平;

(2)可以学习美国高中课程,被美国大学录取的概率更高;

(3)文化冲击缓冲期更长,而且有时间锻炼社交能力,更容易适应大学生活;

(4)高中配有择校顾问,可免费得到专业指导,不需要收费很高的中国中介的帮助。

现在很多家长送孩子出国读高中,有些甚至在读初三的时候就去美国了,所以孩子可以接受 4 年完整的美国高中教育。不过这么做费用很高,不是所有家庭都能负担起 8 年的留学费用。

二、在美国什么地方上大学

留学生主要选择东部沿海的纽约州、马萨诸塞州、宾夕法尼亚州、佛罗里达州以及西部沿海的加利福尼亚州就读。中部地区较为吸引中国学生的只有得克萨斯州、俄亥俄州、伊利诺伊州、密歇根州。近 1/3 的中国留学生集中在纽约州、得克萨斯州和加利福尼亚州。在中国学生聚集的学校上学有利有弊,我们会在下一部分讨论这个问题。

"什么地方"的另一层含义是想去一个城市环境或乡村环境或介于两者之间的环境,即有乡村、郊区和城市三种环境可供选择。

(1)乡村环境:乡村环境一般位于市镇之外,景色宜人,远离城市喧嚣,环境优美静谧。不过有些人可能会觉得无聊,在这样的学校里上学除了校园活动就是远足、骑车之类的野外活动,喜欢购物、聚会和音乐会之类的人就会烦躁不安、无所事事。科尔盖特大学就是一所处于乡村环境的大学,周围山高林茂,景色宜人。

(2)郊区环境:郊区环境就是城市的边缘地带,但不是城市。学生最喜欢这个地带,既可以欣赏校园美景,又方便到市镇里去。学生要是想离开校园去市里放松一下,交通非常方便,然后在咖啡厅消磨时光,或吃饭、购物、逛旅游景点。坐落于亚特兰大郊区迪凯特的埃默里大学就是如此。

(3)城市环境：很多学校建在城市里面,甚至就在市中心。这样的话所有校外活动都很方便,交通发达,还能接触到各种各样的人。但缺点就是很拥挤,有些人受不了城市的噪声,倍感压力。中国学生经常申请的纽约大学就位于市中心。纽约大学在纽约市的曼哈顿区,所有建筑都是高层结构,尽管校园中心有绿树成荫的公园。

三、哪所学校适合你的学业水平

SAT、TOEFL和绩点很大程度上决定了能申请哪所学校。多数学校有最低录取标准。如果要去常春藤学校,TOEFL成绩要高于110分,SAT成绩高于1 350分,绩点达到3.8或4.0。如果要申请排名前100的学校,TOEFL成绩不得低于60分,SAT成绩不得低于1 200分,绩点不得低于3.4。请记住,学校现在越来越看重绩点,但中国学生的绩点是在国内高中获得的,所以招生委员会更看重TOEFL成绩。很多美国学校不再以SAT考试成绩为标准,因为近年来不少学生成绩很高,用SAT成绩来区分学生学业水平已经没有意义了(很多中国学生SAT可以达到满分或接近满分)。

四、你想要什么样的社会环境

除了学术方面的考虑,选择学校时还要考虑社会环境。花点时间考虑一下可以参加的体育活动、俱乐部及其他可以参与的活动。如果学校里有你喜欢的活动,你就更有可能会参与这些活动,校园生活也会更丰富、更有收获。

五、你想去中国留学生聚集的学校吗

去中国留学生聚集的学校学习有利有弊。

优势在于新生入学时会经历较少的文化冲击,因为身边都是中国人,可以和中国人交朋友,说汉语,吃中餐,基本上可以继续过着中国式的生活。另外,留学生多的话,学校支持系统覆盖面会更广,还会专门举办一些活动来满足留学生的需求。

劣势就是学生没有完整的留学经历。留学应该是处在外国文化和全英语的环境之中，如果一天到晚都和中国人在一起，英语水平不会提高，交不到美国朋友，也无法适应美国文化。这样四年后回国，很多人英语水平根本没有提高，文化视野也没有拓展。此外，他们可能考不到高分（因为英语水平没有提高），只能冒着被开除的风险，做出学术失信的行为（作弊），以求通过考试。

表 6-1 是最受中国学生青睐的美国大学的清单。大多数学校很欢迎中国学生，因为中国学生会全额支付学费。留学生全额支付学费是因为他们没有资格申请贷款、助学金和大多数奖学金。留学生其实是美国大学的经济支柱。2015 年，留学生为美国大学带来了 300 亿美元学杂费收入①。

表 6-1　最受中国学生青睐的美国大学

排名（据签证数量）	学　校
1	University of Illinois Urbana-Champaign 伊利诺伊大学香槟分校
2	University of Southern California 南加州大学
3	Purdue University 普渡大学
4	Northeastern University 东北大学
5	Columbia University 哥伦比亚大学
6	Michigan State University 密歇根州立大学
7	Ohio State University 俄亥俄州立大学
8	University of California, Los Angeles 加州大学洛杉矶分校
9	Indiana University 印第安纳大学
10	University of California at Berkeley 加州大学伯克利分校

① Tea Leaf Nation Staff. The Most Chinese Schools in America. [EB/OL] Foreign Policy，2016-01-04. http://foreignpolicy.com/2016/01/04/the-most-chinese-schools-in-america-rankings-data-education-china-u/.

续表

排名（据签证数量）	学　　校
11	New York University 纽约大学
12	Pennsylvania State University 宾夕法尼亚州立大学
13	University of Minnesota 明尼苏达大学
14	University of Washington Seattle 华盛顿大学西雅图分校
15	Arizona State University 亚利桑那州立大学
16	University of Michigan Ann Arbor 密歇根大学安娜堡分校
17	Boston University 波士顿大学
18	Illinois Institute of Technology 伊利诺伊理工学院
19	Rutgers，The State University of New Jersey 新泽西州立大学罗格斯分校
20	University of Texas at Dallas 得州大学达拉斯分校
21	University of Wisconsin-Madison 威斯康星大学麦迪逊分校
22	University of California，San Diego 加州大学圣地亚哥分校
23	Carnegie Mellon University 卡内基·梅隆大学
24	State University of New York at Stony Brook 纽约州立大学石溪分校
25	Syracuse University 雪城大学

表 6-2 是常春藤联盟(美国顶尖大学)中国学生录取人数排名。[①]

表 6-2　常春藤联盟中国学生录取人数排名

排名(据签证数量)	学　校
1	Columbia University 哥伦比亚大学
2	Cornell University 康奈尔大学
3	University of Pennsylvania 宾夕法尼亚大学
4	Harvard University 哈佛大学
5	Yale University 耶鲁大学
6	Brown University 布朗大学
7	Princeton University 普林斯顿大学
8	Dartmouth College 达特茅斯学院

六、学校排名越靠前越好吗

选择学校时,排名是重要的参考依据。大学排名方式多样,排名也各不相同,也就是某所学校的排名到底是第一还是第十根本没有统一意见。不过大多数排名的"前 10"或"前 100"学校都相差无几,只是名次稍有出入而已。

《美国新闻与世界报道》提供的大学排名知名度很高,该杂志每年运用缜密的方法计算调查数据,发布一次美国各类大学及其院系(最佳学院、最佳全国性大学、最佳商学院、最佳医学院、最佳工学院以及东北部和西部最佳学院)的排名。

---

① Tea Leaf Nation Staff.中国人最多的美国大学[EB/OL]. Foreign Policy,2016-01-04. http://foreignpolicy.com/2016/01/04/the-most-chinese-schools-in-america-rankings-data-education-china-u/.

《美国新闻与世界报道》的排名依据如下[①]:

· 同行互评:其他学校校长、教务长及招生负责人对某校的评价(15%);

· 咨询顾问评价:近1 800所高中的咨询顾问对某校的评价(7.5%);

· 学生留校率:6年后毕业人数与新生入学人数比例(20%);

· 师资:课堂规模、教工薪资、教工学历、师生比以及全职教工比例(20%);

· 生源质量:新生标准测试得分、高中处于班级前列的学生比例和申请录取率(15%);

· 财政来源:学生学业及公共服务平均支出(10%);

· 毕业率水平:预期毕业率与实际毕业率比较(7.5%);

· 校友捐赠率(5%)。

2014年排名开放当天,该杂志排名网站(www.usnews.com/education)访问量超过260万[②],足见其受青睐程度。表6-3为2014年美国大学排名。

表6-3 《美国新闻与世界报道》2014年美国大学排名

顶尖全国性大学	排名	顶尖文理学院	排名
Princeton University 普林斯顿大学	1	Williams College 威廉姆斯学院	1
Harvard University 哈佛大学	2	Amherst College 阿默斯特学院	2
Yale University 耶鲁大学	3	Swarthmore College 斯沃斯莫尔学院	3
Columbia University 哥伦比亚大学	4	Bowdoin College 鲍登学院	4
Stanford University 斯坦福大学	4	Middlebury College 明德学院	4
University of Chicago 芝加哥大学	4	Pomona College 波莫纳学院	4
Massachusetts Institute of Technology 麻省理工学院	7	Wellesley College 卫斯理学院	4

---

① 维基百科,《美国新闻与世界报道》最佳大学排名,参见 https://en.wikipedia.org/wiki/U.S._News_%26_World_Report_Best_Colleges_Ranking。

② 维基百科,《美国新闻与世界报道》最佳大学排名,参见 https://en.wikipedia.org/wiki/U.S._News_%26_World_Report_Best_Colleges_Ranking。

续表

顶尖全国性大学	排名	顶尖文理学院	排名
Duke University 杜克大学	8	Carleton College 卡尔顿学院	8
University of Pennsylvania 宾夕法尼亚大学	9	Claremont McKenna College 克莱蒙特麦肯纳学院	9
California Institute of Technology 加州理工学院	10	Davidson College 戴维森学院	9
Johns Hopkins University 约翰斯·霍普金斯大学	10	United States Naval Academy 美国海军军官学校	9

图 6-1 为 2014 年排名第一的美国大学的截图：

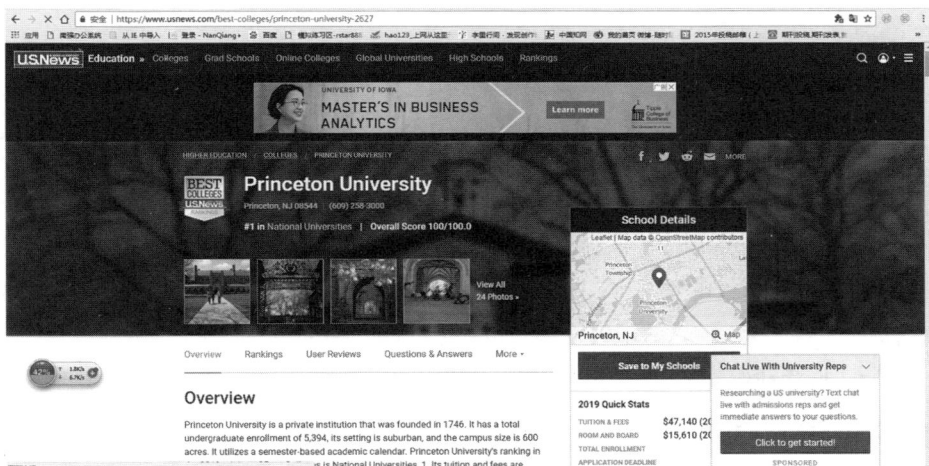

图 6-1　排名第一的美国大学截图

如图 6-1 所示，浏览者可免费获取部分信息，付费后就可以网上订阅此类服务（但是没有中文版网页）。输入对学校的要求（位置、学科领域、费用、规模、分数、GPA、排名偏好等），系统就会整理出符合要求的学校清单，包括学校排名、详细介绍以及相关课程。

合理利用排名要做到两点：

（1）不要以为"学校排名越靠前越好，然后在自己可能考上的学校中，尽可能申请排名最靠前的学校"。最适合自己的学校不是排名最好的学校，而是与自身天分、背景、目标、能力最契合的学校。学校排名靠前也好，知名度高也好，都证明不了它适合自己。如果仅仅因为学校排名靠前就去那里上学，丝毫不考虑这所学校适不适合自己，那你有可能难以适应或者遭遇不开心，因为你无法"融入"那里的学习或社会生活。

（2）单单一个排名数字并没有意义，重要的是排名所隐含的信息，也就是排名依据。名单里的学校都是依照同一个标准排序的，但是每个学校都有各自的优势和劣势。

《美国新闻与世界报道》提供的 MBA 项目 12 个不同专业的排名为：

（1）会计；

（2）创业；

（3）高级工商管理硕士；

（4）金融；

（5）信息系统；

（6）国际商务；

（7）管理；

（8）营销；

（9）非营利组织；

（10）在职 MBA；

（11）生产或经营；

（12）供应链或物流。

表 6-4、6-5、6-6 是各专项得票最高的学校。

表 6-4　全美 MBA 总体排名前十院校

1	University of Texas Austin（McCombs） 得克萨斯大学奥斯汀分校（麦库姆斯商学院）
2	University of Pennsylvania（Wharton） 宾夕法尼亚大学（沃顿商学院）
3	University of Illinois—Urbana-Champaign 伊利诺伊大学厄巴纳-香槟分校

续表

4	University of Chicago（Booth） 芝加哥大学（布斯商学院）
5	University of Michigan-Ann Arbor（Ross） 密歇根大学安娜堡分校（罗斯商学院）
6	University of Southern California（Marshall） 南加州大学（马歇尔商学院）
7	Stanford University 斯坦福大学
8	Brigham Young University（Marriott） 杨百翰大学（马里奥特商学院）
9	New York University（Stern） 纽约大学（斯特恩商学院）
10	Indiana University Bloomington（Kelley） 印第安纳大学伯明顿分校（凯利商学院）

表 6-5　全美前十 MBA 金融课程

1	University of Pennsylvania（Wharton） 宾夕法尼亚大学（沃顿商学院）
2	University of Chicago（Booth） 芝加哥大学（布斯商学院）
3	New York University（Stern） 纽约大学（斯特恩商学院）
4	Massachusetts Institute of Technology（Sloan） 麻省理工学院（斯隆商学院）
5	Stanford University 斯坦福大学
6	Columbia University 哥伦比亚大学
7	University of California—Los Angeles（Anderson） 加州大学洛杉矶分校（安德森商学院）
8	University of California—Berkeley（Haas） 加州大学伯克利分校（哈斯商学院）
9	Harvard University Boston，MA 哈佛大学马萨诸塞州，波士顿
10	Northwestern University（Kellogg） 西北大学（凯洛格商学院）

表 6-6　全美前十管理类 MBA 项目

1	Harvard University 哈佛大学
2	Stanford University 斯坦福大学
3	Northwestern University（Kellogg） 西北大学（凯洛格商学院）
4	University of Michigan-Ann Arbor（Ross） 密歇根大学安娜堡分校（罗斯商学院）
5	University of Pennsylvania（Wharton） 宾夕法尼亚大学（沃顿商学院）
6	Dartmouth College（Tuck） 达特茅斯学院（塔克商学院）
7	Duke University（Fuqua） 杜克大学（福库商学院）
8	University of Virginia（Darden） 弗吉尼亚大学（达顿商学院）
9	University of California-Berkeley（Haas） 加州大学伯克利分校（哈斯商学院）
10	Massachusetts Institute of Technology（Sloan） 麻省理工学院（斯隆商学院）

表 6-7　全美前十营销类 MBA 项目

1	Northwestern University（Kellogg） 西北大学（凯洛格商学院）
2	University of Pennsylvania（Wharton） 宾夕法尼亚大学（沃顿商学院）
3	Duke University（Fuqua） 杜克大学（福库商学院）
4	Stanford University 斯坦福大学
5	Harvard University 哈佛大学

续表

6	University of Michigan-Ann Arbor（Ross） 密歇根大学安娜堡分校（罗斯商学院）
7	University of Chicago（Booth） 芝加哥大学（布斯商学院）
8	Columbia University 哥伦比亚大学
9	University of California-Berkeley（Haas） 加州大学伯克利分校（哈斯商学院）
10	University of Texas-Austin（McCombs） 得克萨斯大学奥斯汀分校（麦库姆斯商学院）

泰晤士高等教育世界排名是全球最知名的排名之一，每年更新一次。泰晤士高等教育世界排名尝试给全球知名大学排名，排名依据如下：

• 同行评价：调查 88 个国家的 1 300 名教授、研究人员、学校管理人员。同行评价仅考察专业学者对学校的印象，而这些学者往往会根据自身所在领域给学校打分（比如工学人士会把麻省理工排在哈佛前面，因为麻省理工专攻理工，哈佛专攻文科），所以同行评价会带有偏见。泰晤士高等教育也注意到这个问题了，于是广泛综合各个领域的专家评分，从而达到相对平衡。

• 师生比：西方国家推崇小班化教育，认为班级人数越少，师生间交流机会就越多，教学方法就越灵活，学习氛围也越好。所以师生比越低的学校得分就会越高。注意这里的师生比是平均师生比，如果一所学校平均师生比为 1∶15（每 15 个学生配有 1 个老师），它的入门级课程的班级可能会大很多，甚至一个大教室里有 60～100 个学生。但学校同时也开设高级研讨型课程，在图书馆的房间进行，一个老师就带 5～6 个学生，大家围坐在一张桌旁。

• 国际化水平：这项评分是指外教和留学生占师生总数的比例。比例越大，得分就越高。加入这一项评分是因为西方教育非常重视多样性，不同国家的老师和同学意味着不同的文化和视角，有利于扩大国际视野，增进相互理解。

• 论文被引次数：论文被引次数测评高校教授及研究院发表论文的数量。衡量高校实力的另一项重要指标就是研究并提出新思想、新知识的能力，研究生阶段（硕博士项目）尤其需要这一项能力。论文被引次数越多，学校得分就越高。

根据上述五项指标,2019 年世界 50 强学校排名如表 6-8 所示。

表 6-8　2019 年泰晤士高等教育世界排名前 50

排名	学　　校
1	University of Oxford 牛津大学
2	University of Cambridge 剑桥大学
3	Stanford University 斯坦福大学
4	Massachusetts Institute of Technology 麻省理工学院
5	California Institute of Technology 加州理工学院
6	Harvard University 哈佛大学
7	Princeton University 普林斯顿大学
8	Yale University 耶鲁大学
9	Imperial College London 帝国理工学院
10	University of Chicago 芝加哥大学
11	ETH Zürich 苏黎世联邦理工学院
12	Johns Hopkins University 约翰斯·霍普金斯大学
12	University of Pennsylvania 宾夕法尼亚大学
14	University College London 伦敦大学学院
15	University of California, Berkeley 加州大学伯克利分校
16	Columbia University 哥伦比亚大学
17	University of California, Los Angeles 加州大学洛杉矶分校

续表

18	Duke University 杜克大学
19	Cornell University 康奈尔大学
20	University of Michigan 密歇根大学
21	University of Toronto 多伦多大学
22	Tsinghua University 清华大学
23	National University of Singapore 新加坡国立大学
24	Carnegie Mellon University 卡内基·梅隆大学
25	Northwestern University 西北大学
26	London School of Economics and Political Science 伦敦政治经济学院
27	New York University 纽约大学
28	University of Washington 华盛顿大学
29	University of Edinburgh 爱丁堡大学
30	University of California，San Diego 加州大学圣地亚哥分校
31	Peking University 北京大学
32	Ludwiy-Maximilians-Universität München 慕尼黑大学
32	University of Melbourne 墨尔本大学
34	Georgia Institute of Technology 佐治亚理工学院
35	École Polytechnique Fédérale de Lausanne 洛桑联邦理工学院

36	University of Hong Kong 香港大学
37	University of British Columbia 不列颠哥伦比亚大学
38	King's College London 伦敦国王学院
39	University of Texas at Austin 得克萨斯大学奥斯汀分校
40	Karolinska Institute 卡罗林斯卡学院
41	Paris Sciences et Lettres-PSL Research University Paris 巴黎文理研究大学
42	The University of Tokyo 东京大学
43	University of Wisconsin-Madison 威斯康星大学麦迪逊分校
44	McGill University 麦吉尔大学
44	Technical University of Munich 慕尼黑工业大学
46	Hong Kong University of Science and Technology 香港科技大学
47	Heidelberg University 海德堡大学
48	KU Leuven 鲁汶大学
49	Australian National University 澳大利亚国立大学
50	University of Illinois at Urbana-Champaign 伊利诺伊大学香槟分校

资料来源：https://www.timeshighereducation.com/world-university-rankings/2019/world-ranking＃！/page/0/length/25/sort_by/rank/sort_order/asc/cols/scores

泰晤士高等教育还有专业排名，包括工程学、生命科学、医学、自然科学、社会科学以及人文学科等，但不包括商学和法律专业（已包含在社会科学总排名中）。具体各专业排名情况可登录网站查询。

此外，QS公司的世界大学排名也很权威，如表6-9所示。

表 6-9 2019 年 QS 世界大学排名

排名	学校名称	学校英文名	国家/地区
1	麻省理工学院	Massachusetts Institute of Technology（MIT）	美国
2	斯坦福大学	Stanford University	美国
3	哈佛大学	Harvard University	美国
4	加州理工学院	California Institute of Technology	美国
5	牛津大学	University of Oxford	英国
6	剑桥大学	University of Cambridge	英国
7	苏黎世联邦理工学院	ETH Zürich — Swiss Federal Institute of Technology	瑞士
8	帝国理工学院	Imperial College London	英国
9	芝加哥大学	University of Chicago	美国
10	伦敦大学学院	UCL（University College London）	英国
11	新加坡国立大学	National University of Singapore	新加坡
12	南洋理工大学	Nanyang Technological University	新加坡
13	普林斯顿大学	Princeton University	美国
14	康奈尔大学	Cornell University	美国
15	耶鲁大学	Yale University	美国
16	哥伦比亚大学	Columbia University	美国
17	清华大学	Tsinghua University	中国
18	爱丁堡大学	The University of Edinburgh	英国
19	宾夕法尼亚大学	University of Pennsylvania	美国
20	密歇根大学安娜堡分校	University of Michigan-Ann Arbor	美国
21	约翰斯·霍普金斯大学	Johns Hopkins University	美国
22	洛桑联邦理工学院	EPFL-École Polytechnique Federale de Lausanne	瑞士
23	东京大学	The University of Tokyo	日本
24	澳大利亚国立大学	The Australian National University	澳大利亚
25	香港大学	The University of Hong Kong	中国香港
26	杜克大学	Duke University	美国
27	加州大学伯克利分校	University of California，Berkeley	美国

续表

排名	学校名称	学校英文名	国家/地区
28	多伦多大学	University of Toronto	加拿大
29	曼彻斯特大学	The University of Manchester	英国
30	北京大学	Peking University	中国
31	伦敦大学国王学院	King's College London	英国
32	加州大学洛杉矶分校	University of California, Los Angeles	美国
33	麦吉尔大学	McGill University	加拿大
34	西北大学	Northwestern University	美国
35	京都大学	Kyoto University	日本
36	首尔国立大学	Seoul National University	韩国
37	香港科技大学	The Hong Kong University of Science and Technology	中国香港
38	伦敦政治经济学院	London School of Economics and Political Science	英国
39	墨尔本大学	The University of Melbourne	澳大利亚
40	韩国高等科技学院	KAIST — Korea Advanced Institute of Science & Technology	韩国
41	加州大学圣地亚哥分校	University of California, San Diego	美国
42	悉尼大学	The University of Sydney	澳大利亚
43	纽约大学	New York University	美国
44	复旦大学	Fudan University	中国
45	新南威尔士大学	The University of New South Wales	澳大利亚
46	卡内基·梅隆大学	Carnegie Mellon University	美国
47	英属哥伦比亚大学	University of British Columbia	加拿大
48	昆士兰大学	The University of Queensland	澳大利亚
49	香港中文大学	The Chinese University of Hong Kong	中国香港
50	巴黎第九大学	Université PSL	法国
51	布里斯托大学	University of Bristol	英国
52	代尔夫特理工大学	Delft University of Technology	荷兰
53	威斯康星大学麦迪逊分校	University of Wisconsin-Madison	美国
54	华威大学	The University of Warwick	英国

续表

排名	学校名称	学校英文名	国家/地区
55	香港城市大学	City University of Hong Kong	中国香港
56	布朗大学	Brown University	美国
57	阿姆斯特丹大学	University of Amsterdam	荷兰
58	东京工业大学	Tokyo Institute of Technology	日本
59	莫纳什大学	Monash University	澳大利亚
59	上海交通大学	Shanghai Jiao Tong University	中国
61	慕尼黑工业大学	Technical University of Munich	德国
62	慕尼黑大学	Ludwig-Maximilians-Universität München	德国
63	德克萨斯大学奥斯汀分校	University of Texas at Austin	美国
64	海德堡大学	Ruprecht-Karls-Universität Heidelberg	德国
65	巴黎综合理工学院	École Polytechnique	法国
66	华盛顿大学	University of Washington	美国
67	大阪大学	Osaka University	日本
68	浙江大学	Zhejiang University	中国
69	佐治亚理工学院	Georgia Institute of Technology	美国
69	格拉斯哥大学	University of Glasgow	英国
71	伊利诺伊大学厄本那-香槟分校	University of Illinois at Urbana-Champaign	美国
72	中国台湾大学	National Taiwan University（NTU）	中国台湾
73	布宜诺斯艾利斯大学	Universidad de Buenos Aires（UBA）	阿根廷
74	杜伦大学	Durham University	英国
75	巴黎第一大学	Sorbonne University	法国
75	谢菲尔德大学	The University of Sheffield	英国
77	东北大学（日本）	Tohoku University	日本
78	苏黎世大学	University of Zurich	瑞士
79	伯明翰大学	University of Birmingham	英国
79	哥本哈根大学	University of Copenhagen	丹麦
81	鲁汶大学（荷语）	KU Leuven	比利时
82	诺丁汉大学	University of Nottingham	英国

续表

排名	学校名称	学校英文名	国家/地区
83	浦项科技大学	Pohang University of Science and Technology	韩国
83	北卡罗来纳大学教堂山分校	University of North Carolina，Chapel Hill	美国
85	奥克兰大学	The University of Auckland	新西兰
86	高丽大学	Korea University	韩国
87	莱斯大学	Rice University	美国
87	马来亚大学	Universiti Malaya（UM）	马来西亚
89	俄亥俄州立大学	The Ohio State University	美国
90	莫斯科国立大学	Lomonosov Moscow State University	俄罗斯
91	西澳大学	The University of Western Australia	澳大利亚
92	隆德大学	Lund University	瑞典
93	波士顿大学	Boston University	美国
93	利兹大学	University of Leeds	英国
95	宾州州立大学公园分校	Pennsylvania State University，University Park	美国
96	南安普敦大学	University of Southampton	英国
97	圣安德鲁斯大学	University of St Andrews	英国
98	中国科学技术大学	University of Science and Technology of China	中国
99	埃因霍温理工大学	Eindhoven University of Technology	荷兰
100	普渡大学西拉法叶分校	Purdue University，West Lafayette	美国
100	成均馆大学	Sungkyunkwan University（SKKU）	韩国
100	加州大学戴维斯分校	University of California，Davis	美国
100	圣路易斯华盛顿大学	Washington University in St. Louis	美国

资料来源：https://www.topuniversities.com/university-rankings/world-university-rankings/2019？utm_source＝tu_house_banners＆utm_medium＝web_banner

结论

选择美国学校的时候，以上排名虽然有所帮助，但同时也不能忘记排名只是开始。选择学校不能只看排名，自身兴趣才是最重要的。学生如果只根据排名高低选择学校可能很失望,因为他们逐渐意识到这样的学校不适合他们。经济条件允许的话,可以提前去有意申请的学校看看,"感受"一下这所学校,这样就会更清楚自己未来四年适不适合待在这里。此外,还要尽可能利用可用资源,包括和在美国留学的朋友聊一聊,问问他们的直接感受。另外,确保要选择适合自己的学校环境——校园在城市还是在郊区,中国留学生多还是不多,等等。有些中国大学和国外有合作项目,在这些大学留学可能会减少学业和社会生活中的文化冲击。

第七章

大学申请——一门展现自我价值的艺术

申请美国大学的过程很复杂，留学生有时候会很迷茫，感觉很难。中国大学录取学生只参考一个指标——高考成绩，但是美国大学要考虑很多因素：大学入学考试成绩（SAT 或者 ACT）、英语能力测试成绩（TOEFL 或 IELTS）、高中学业成绩（GPA）、学校及社区活动、个人陈述、教师推荐信等。

申请学校考验一项基本能力——自我推荐，就是向别人展示自己的价值，有时候也叫"自我推销"，有些人不喜欢这个叫法，因为谦逊是一种美德（在中国尤其如此），相反，"吹嘘"自己的能力和成就就会显得自大。但这恰恰是竞争的必要环节，成千上万的人在和你竞争相同的学校、相同的项目、相同的签证以及相同的工作，要想在人海中脱颖而出，只能运用技巧展现个人价值，也就是自我推荐。

个人价值展现的第一步是要知道"价值是什么"。价值根据他人的需求而变化，如果有人向哈佛和耶鲁递交了同样的申请材料，一所学校录取了他，另一所学校拒绝了他，你可能想知道为什么会这样。然后得出结论，申请流程就是一场概率游戏。假设你向普林斯顿和加州大学伯克利分校都递交了申请，但是只接到了前者的录取通知。这怎么可能？普林斯顿的排名可是远远高于伯克利啊！一定是弄错了！然后更坚定了之前的猜测，申请大学就像一场赌博，能不能成功全看运气。

如果有人觉得上述情况全靠运气，申请学校的运气成分比能力成分比重更大的话，那他就彻底曲解了价值的概念，忽视了自我推荐的重要性。两所排名相近的学校，一所录取你，另一所没有录取你，或者排名更低的学校录取了你，都是价值在起作用。耶鲁大学和哈佛大学的排名差不多，在大众心里的地位也差不多，但两所学校的价值观不尽相同，彼此需求也有所不同。自我推荐的关键就是要了解学校间的需求差异。自我推荐能否成功取决于展示的价值，展示什么价值要看学校想要什么，所以要做的就是向一个学校展示其所看重的价值品质。

这就是为何不建议向所有学校递交同一份个人陈述和推荐信，招生委员会一眼就能看出你不了解他们学校需要的价值品质。

　　当然很多学校对申请人的要求有所重复，就像公司对未来员工会有相同的期待一样。但是自我推荐不是让你埋没在人海中（仅展示你有的一般品质），而是要你更了解某所学校或者公司与同行的具体区别，突出你在这方面比别人更符合它们的要求。

　　还是拿哈佛大学和耶鲁大学举例。这两所学校对学生的要求有80％都是一样的，这也是"筛选"的基本条件，它们会快速筛掉不符合条件的申请。剩下的20％就是哈佛和耶鲁的区别了，最终能不能被录取就取决于一个人在多大程度上符合那20％的独特品质，更像一个"哈佛人"还是"耶鲁人"了。哈佛大学和耶鲁大学不同的文化导致了这20％的区别，也就是哈佛为什么是哈佛，而不是耶鲁。

　　如果两所大学你都想申请，那么你要知道哈佛和耶鲁文化的核心区别，然后问问自己最适合哪种校园文化。如果觉得两个都适合也没关系，记住申请的时候不能递交同样的个人陈述和申请。必须根据学校的不同情况，分别陈述个人价值，在投给哈佛的申请书里写明自己有哪些哈佛看重的价值品质，在投给耶鲁的申请书里就写耶鲁看重的品质。

　　以上说明价值是相对的，不是什么抽象存在。说"我是个好学生"没有任何意义，因为"好学生"可以有很多种解读。中国高中里的"好学生"是能通过考试的学生，美国高中的"好学生"是能从个人视角独立分析莎士比亚，并能写出五段式散文的人（如前所述，美国人更看重写分析性文章的能力，而不是记住多项选择测试中正确答案的能力）。

　　价值经常处于中间地带，一边是家人、学校、朋友或雇主的期待，另一边是一个人所能展现的价值。展示哪些价值要看另一端的人想要什么，他们越需要某一特定价值，那么展现这一价值就越有用。如果一个人不知道"哈佛为什么是哈佛"，那么他就永远不可能有哈佛需要的价值品质。

一、大学申请流程

　　要提高录取概率，就要知道学校究竟需要什么，对未来学生的期待是什么。我曾经采访过一名佐治亚理工学院的招生负责人，问他"除了高分之外，你希望申请你们学校的学生具有什么品质？"他的回答很简单——"创新。"这很好理解，因为佐治亚理工学院是一所工程学校，而工程师肯定要运用创新能力、解决问题的能力,构思新设计、新技术和新设备,满足人类不断变化的需求,帮助人类持续适应不同环境。如果不了解工程师的真正工作,那被佐治亚理工学院录取的概率就很小了。

大学申请书不只是"炫耀"自己的机会,也是表明自己非常了解学校需求、课程要求以及专业需求的机会。简而言之,大学申请就是说服校方你适合这所学校,是那里的一员并能在那里茁壮成长。

多数美国学校接受通用申请,就是可以申请所有意向学校的申请表。这样填表时间就大大缩减,因为即使申请十所大学,也只需填一张表。但很多学校还会给申请人发一份个人陈述(也就是 essay)要求。所以,就算申请人只用填写一份通用申请表,也要写十份不同的个人陈述。

通用申请表包含五部分:

1.个人信息

基本信息,比如全名(用拼音写中文名字,美国人看不懂汉字;而且不能写英文名,因为英文名不是真名)、地址、出生年月等等。

2.家庭信息

家长或兄弟姐妹(如果有就写)信息。

3.学业背景

就读高中名称及地址、绩点和考试成绩(SAT、TOEFL)。

与考试成绩(TOEFL、SAT)相比,很多学校更重视绩点,因为绩点能更精确地衡量长期的学业表现(过去 3 年半),从而体现出重要趋势——成绩持续上升、下降,还是稳定不变。绩点根据成绩单的分数计算,成绩单上有成绩等级,分 A、B、C、D、F 五个等级(对应的绩点,分别是 4.0、3.0、2.0、1.0 和 0),有些学校还有＋/－,所以会有 A、A－、B＋、B、B－等等。

4.活动

填写参加过的体育活动、志愿活动、俱乐部、组织等;每一项活动都要写下本人或所在团队是否获得荣誉、赢得比赛等等。

5.个人陈述

有五个主题供选择(个人信息、未来计划、家庭情况、学术水平、考试成绩),不过要是想写别的主题也可以。但是别忘了,所申请的学校可能会规定个人陈述的主题。

写个人陈述前先想想以下问题①：

(1)你有哪些特长？

(2)哪些生活细节可以让招生委员会更好地了解你？

(3)你在大学想学习哪些内容？

(4)为什么会对这所学校感兴趣？

(5)你参加过哪些重要活动？说说你在其中所担任的职位以及从中取得的收获。

(6)你的职业目标是什么？

(7)你在学习中(SAT、TOEFL 考试等)遇到过什么问题吗？如果有,你如何解决这些问题？

(8)你是否曾经不得不去克服生活中一些非常见的(例如经济的、家庭的或身体方面的)困难？

(9)你性格上有哪些优点和弱点？

(10)你有什么能力(例如领导力、沟通能力、分析能力等)？

个人陈述的十大规则如下②：

(1)注重深度而非广度,主要集中于一两个核心主题、观点或经历上。

(2)尽量让阅读者读到一些其他申请者没有的内容(资历)。

(3)让对方知道你的驱动力所在。

(4)表现出真实的自己,而非理想化的申请人。

(5)开篇要体现出创新性和想象力,确定不会和其他申请人写得一样。

(6)强调这所学校让你感兴趣的特别之处。

(7)个人陈述中着重表述自己的优点,附带解释一下缺点和不足。

(8)评价自己的经历,不要简单描述。

(9)仔细校对语法、句法、标点、用词及语体。

(10)字体、字形清晰,用标准行间距和页边距。

个人陈述写作的十大陷阱如下：

(1)不要递交说明文般的简历;避免信息重复。

---

① 参见 https://owl.english.purdue.edu/owl/resource/642/1/。

② 改编自网页 http://owl.english.purdue.edu/owl/resource/642/4/。

（2）不要抱怨"体制"或生活环境。

（3）不要说教——可以表达意见，但是不要太过极端。

（4）不要把经济因素当成动力。

（5）不要讨论自己的少数族裔身份和弱势地位，除非你要讲的故事非常独特和吸引人，并且与此相关。

（6）不要提到学校的排名，不要大力赞扬对方学校。

（7）开头或结尾不要用老掉牙的套路。

- "请允许我介绍一下自己，我叫……"
- "这个问题是要我讨论……"
- "若招生委员会能考虑此次申请，我将不胜感激。"
- "衷心希望贵校能给我机会，让我进入这么好的学校学习。"
- "总而言之，贵校应当录取我的三个理由是……"

（8）不要用标新立异、花哨的格式和包装。

（9）除非学校要求，否则不要交补充材料。

（10）别弄错学校名字。

来自一所名校招生官的建议[1]

（道格拉斯·克里斯汀森，范德堡大学副教务长兼招生办公室主任）

个人陈述提供给每个学生一个让学校深入了解自己内心想法、志向梦想以及个人情况的机会。好好利用这个机会，把考试成绩之外的因素展现给招生官，就能给自己创造有利条件。学生可以借此机会解释考试失误的原因，或者生活中改变高中生涯的重大事件。叙述过去并没有用，学生要做的是说明过去的经历如何改变自己的生活，过去的交流如何影响自己的成长过程，如何影响自己的决定，以及自己如何努力去改变自己周围的小世界。不管写什么主题，个人陈述都要让对方了解与申请人个人成长、最终成败相关的人生决定。招生官也希望能通过个人陈述挖掘看不见的部分，就是申请人的个人品质：诚实、正直、守信、道德、毅力、同情心以及领导力。毕竟学校的录取率只有 $10\%\sim15\%$，要在几千份申请

---

[1] 参见：https://owl.english.purdue.edu/owl/resource/966/01/。

中脱颖而出，关键就是要说明自己与其他人有什么不同，而个人陈述就是这样一个好机会！

其他建议还有：

（1）按要求回答问题

如果申请了好几所学校，就会发现申请表上的问题基本差不多。填写申请时不能一成不变。按照要求回答每个问题，如果要求有变化，就要单独回答，确保不要答非所问。

（2）讲一个故事

想一想怎么用讲故事的方法把过去经历写出来，在这个故事里你是主角，如果你在故事里表现突出，那么招生官就会对你留有印象。

（3）精确具体

比如，永远不要说你会成为优秀的医生，除非你有具体的理由支撑这个论断。律师也好，工程师也好，所有的职业愿景都应该是合乎逻辑的，是你个人陈述中所描述的个人经历的结果。申请必须是个人经历的一种合理的结果。

下文是一名男生的个人陈述，讲述了在高中毕业后是否要跟女朋友继续保持密切关系时遇到的困难。

我人生中最重要的经历是自己找上门的，不是我主动找上了它。我喜欢的伙伴是书籍、音乐、纸和笔。我的密友圈很小，他们之间也不怎么合得来。他们总是让人觉得"不合群"。说实话，我经常怀疑自己有没有能力和他人建立亲密关系。去年夏天，我参加了安多弗暑期学校，课程结束后举行了闭幕式，第二天我们就要走了。就在那天晚上，上课时认识的一个女孩来宿舍找我，她坐在我的床上，说自己的内心一直在纠结，不知道要不要跟我谈一场恋爱。她希望得到我的回复，我的想法。

我吓了一跳，更准确地说是吓坏了。我立刻说："不行。"我告诉她我根本不想谈恋爱，也不接受任何开始恋情的举动。如果有必要，我会彻底无视她。我跟她解释自己是个胆小鬼，不想和感情扯上任何关系。我说了很多，语速很快。

但她没有马上离开，我感到很惊讶。相反，她双手抱膝，在我的床上坐着，身体轻轻晃动，我在房间另一头看着她。我开始渐渐怀疑自己。机会在敲门,而我的门却始终关着,它可能马上就会离开。

"我骗了你,"我说,"我不知道我们交往以后会怎么样,我很害怕。但试一试总比光害怕好。"

她说她知道我在撒谎,然而我刚刚也让她明白了,她有多想和我交往。我们决定离开暑期学校后继续保持往来。即使到了那时,我还是不确定到底哪个才是谎言。现在我觉得说那些话的时候我也许都是真心的,但我还是不确定。

那天晚上,我知道了自己能够和他人建立亲密关系。我现在也逐渐意识到重点不在合不合适,而在于那种感觉,在于亲密关系,在于连接。只要两个人之间有点什么——友谊、爱情、共同爱好或者其他什么——不管"合适"或是不合适,人们就可以缓解恐惧。而恐惧也并非无往而不胜,我们会长大、会改变,还会有第二次机会。

目前我还在和这个女孩交往。

My most important experience sought me out. It happened to me; I didn't cause it. My preferred companions are books or music or pen and paper. I have only a small circle of close friends, few of whom get along together. They could easily be counted "misfits". To be plain, I found it quite easy to doubt my ability to have any sort of "close relationship". After the closing festivities of Andover Summer School this past summer, on the night before we were scheduled to leave, a girl I had met during the program's course approached me. She came to my room and sat down on my bed and announced that she was debating with herself whether she wanted me to become her boyfriend. She wanted my reaction, my opinion.

I was startled, to say the least, and frightened. I instantly said, "No." I told her that I on no account wanted this and that I would reject any gestures she made towards starting a relationship. I would ignore her entirely, if need be. I explained that I was a coward. I wanted nothing whatsoever to do with a relationship. I talked a lot and very fast.

To my surprise, she did not leave instantly. Instead, she hugged her knees and rocked back and forth on my bed. I watched her from across the room. She rocked, and I watched. Doubts crept up on me.

Opportunity had knocked and the door was still locked. It might soon depart.

"I lied," I said. "I was afraid of what might happen if we became involved. But it's better to take the chance than to be afraid."

She told me she knew I had lied. I had made her realize, though, how much she actually wanted me to be her boyfriend. We decided to keep up a relationship after Andover. Even then, I was not sure which had been the lie. Now I think that everything I said may have been true when I said it. But I'm still not sure.

I learned, that night, that I could be close to someone. I also realize, now, that it doesn't matter whether or not that person is a misfit; the only important thing is the feeling, the closeness, the connection. As long as there is something between two people — friendship, love, shared interests, whatever else—it is a sign that there can be some reconciliation with fear, some "fit" for misfits. And it shows that fear need not always win, that we can grow and change, and even have second chances.

I am still seeing her.

二、决定接受哪所学校的录取通知

递交申请之后,不管有没有被录取都会收到学校的回复。有些学生在"候补名单"上,也就是说如果预录取名单上的学生决定去其他学校,那么替补名单上的学生就可以补上去。有些人则会收到"有条件入学"的通知,就是达到另外一些学术要求以后学校才会录取。留学生收到这类通知通常是因为学校认为他们需要提高英语水平。学校会给这类学生发邮件,保证只要他们通过了学校的"英语强化课程"(IEP),就可以录取他们。

假设一个中国学生申请了十所大学,但是只有四所录取了他。拒绝他的学校排名都在前50以内,录取他的学校排名都在前50~100之间。很明显,这名学生犯了一个错误,即他申请了太多超出他能力的学校。不过现在他要从四所发来录取通知的学校中选择一所。首先,影响他的决定的最重要的因素是学校排名,其次是费用和学制。这两项同等重要,如表 7-1 所示。

表 7-1　四所候选学校概况

学校	排名	四年学费	英语强化课程(一年)	学制	总费用
A	56	14 万美元	有(2 万美元/年)	五年	16 万美元
B	72	16 万美元	无	四年	16 万美元
C	90	11.6 万美元	有(2 万美元/年)	五年	13.6 万美元
D	98	12 万美元	有(2 万美元/年)	五年	14 万美元

　　学校 A 排名最靠前(第 56 名)、同样学习时间(学制五年)要多花几万美元。现在他必须决定去这所学校是否值得。学校 B 排名比 A 靠后,但是学制短(不过没省钱),但既然开销不是最重要的因素,就不考虑这所学校了。所以对看重排名的学生而言,排名最高的学校 A 自然是最佳选择,而他也可以告诉朋友他要去一所排名 50 左右的学校上学。但如果学校 A 的学费太高,再加上英语强化班的费用,那么就算学校 B 排名稍靠后,也会比学校 A 更适合他。

三、资金问题

　　一旦决定接受哪所学校的录取通知,就要回复对方并交纳保证金。就算在同一所美国学校上学,留学生的费用也会比美国本地学生高。留学费用包括学费、住宿费及学杂费等等。留学生还要考虑签证费用以及往返本国的交通费。中国和美国分隔地球两端,所以去美国留学的交通费相当高。

　　美国各所高校的学费各不相同。公办学校(通常名为州立大学)有州税收支持,州内学生就读学费较低,但州外学生(其他州的美国学生、外国人)的学费就很高了。在私立大学里,不管是州内还是州外学生,都交一样的学费。中国的公立大学比私立的好,但是美国不一样——美国大多数一流名校都是私立的,当然也有公立的。

　　面对高昂的留学学费,留学生经常会咨询有关奖学金和其他经济资助的事宜。但很可惜,他们基本得不到这些资助。因为大多数经济资助是国家或者州政府设立的,只向美国学生开放。针对留学生设立的奖学金数量很少,如果有的话,竞争也相当激烈。有些国家,如沙特阿拉伯,会给留学生奖学金资助他们出国读书,但是中国还没有此类的奖学金项目。

四、时间表

写好大学申请书需要几年的积累——除非事先打下坚实基础，否则很难向理想的学校交出一份具有竞争力的申请书。下面是一张推荐的时间表，遵循这张表里的时间安排，在高中毕业时准备写大学申请书。

1.高一

（1）尽最大努力学习英语。

（2）加入学校组织，积累组织、团队合作及领导经验。

（3）准备 TOEFL 或者 IELTS 等英语考试。

（4）参加学校活动。

（5 志愿者。

2.高二

（1）考 TOEFL 或者 IELTS。

（2）收集美国大学的信息。

（3）列下意向学校名单。

3.高三

（1）暑假

①准备大学申请书。

②练习个人陈述写作。

（2）秋季学期

①考 SAT 或者其他国外大学入学考试。

②写大学申请书（2 月 1 日前）。

（3）春季学期

①3 月 1 日前申请大学。

②月或 5 月：考虑收到的录取通知，决定去哪所学校。

③5 月或 6 月：申请签证。

第五部分

留学期间：充分利用赴美留学时光

第八章

文化冲击

文化冲击指的是一个人长时间移居国外产生的文化上的不适应。在国外生活,留学生会经历文化冲击带来的心理落差,而回国后则会再次经历逆向文化冲击带来的心理起伏。不过,逆向文化冲击的影响,尤其对曾数次回国的留学生而言,往往并没有如此强烈。

一、文化冲击的四个阶段

图 8-1 为一个人出国期间所经历的文化冲击曲线。

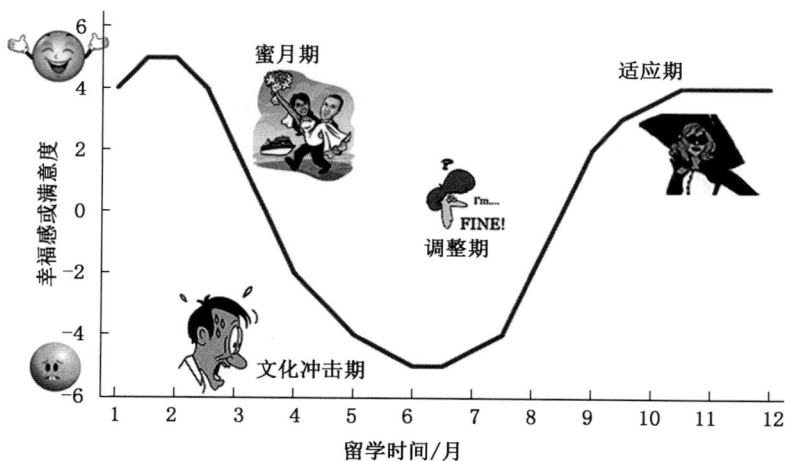

图 8-1　文化冲击曲线

如图 8-1 所示,文化冲击和逆向文化冲击都会经历蜜月期、文化冲击期、调整期和适应期四个阶段。

1.蜜月期

蜜月期通常持续 3 个月。在这几个月里,留学生会因初到异国他乡感到兴奋不已,且常会惊诧于自己的所见所感,无论是景色、食物抑或衣着。这个阶段和旅游几周的体验类似。在此期间,留学生会去品尝当地美食,了解当地人,和他们交朋友。

对不擅长英文的中国留学生来说,这个阶段可能持续不到 3 个月。语言沟通的困难导致他们难以和美国人交朋友,而后他们又因身在美国却不善于讲英文带来的自卑和尴尬感而开始退却。这是文化冲击曲线跌到负值的最常见原因。

2.文化冲击期

在国外生活几个月(或不到几个月)后,一般就会进入文化冲击阶段。在这个阶段,留学生可能会因不善于沟通、无法结识朋友而沮丧,疏离感和孤独感随之滋生。随后开始后悔出国,开始想家,回家逐渐成了唯一的念想。

对于一个赴美留学的中国学生来说,他开始感觉到不适应国外文化,例如不喜欢那里的食物,不习惯喧吵的美国人、邋遢的室友、校内校外没完没了的酒会,情侣在公众场合约会接吻,也不适应美国人不帮彼此完成作业和任务,老师讲课节奏又太快。在这段时间里,如果学校里有其他中国学生,那么他们就会一起出去玩,待在一起时相互吐槽美国文化有多糟糕。他们会用普通话交流,一起做中餐,看中国电影,等等。事实上,他们创建了自己的"小中国"社交圈,在这个圈子里,他们摆脱了美国文化和生活方式带来的不适,感觉心安自在。

3.调整期

经过半年左右的时间,留学生开始习惯国外文化的方方面面,开始从自我孤立和对国外的消极情绪中走出来。这个阶段,留学生英语水平提升,阅读和完成作业的效率提高,能和美国人进行简单的对话,参加社交聚会,甚至参与一些俱乐部活动。他会扩大自己的社交圈,在学习之余寻找更多元素去丰富自己的生活。在这段调整期,负面压力减少,对美国的学习之路有了更多信心。

4.适应期

在周期的最后阶段,学生适应了新的文化,完全融入美国人的生活,甚至在穿衣打扮、行为举止、饮食习惯以及说话方式等方面和美国人差不多。他可能已经结交了几个美国朋友,积极参与学校的社交生活。这不意味着他失去了中国人的身份,而是意味着尽管身为外国人,他却能够将自己融入美国文化之中。他不再觉得美国是一个陌生的国度,不再有异国他乡的孤独疏离之感,生活逐渐步入正轨。

二、产生文化冲击的原因

由于不熟悉外国人的言谈举止、语言、饮食习惯、食物、穿着和时尚、交友方式、学习、讲课风格等,留学生会产生焦虑、沮丧甚至恐惧情绪。对于在美国留学 4 年或更长时间的中国学生来说,这些情绪可能会持续很长时间。事实上,有很多外国学生从未完全适应美国文化,从未完全感到舒适自在,其首要原因就是语言障碍,特别是在英语口语方面。一些中国学生从不学习如何与美国人交流,从而避开与美国人接触,更喜欢与自己小圈子里的中国朋友交往。

在中国,出国的主要英语考试是托福。中国人来到美国托福成绩一般在 600 分以上(新托福 100 分以上),非常令人震惊。然而,考试成绩优异并不一定意味着他们很好地掌握了学校日常和课余活动相关口语。如今,美国一些大学会电话面试候选中国学生。这是为了确保从中国名校人才库中挑选出来的学生具备语言技能,既可以使学生从所在学校中受益,也可以在此期间为学校做出贡献。[①]

美国大学里也有很多中国学生不能适应或融入美国学生生活的情况。2012 年针对美国国际留学生的调查显示,接近 40%的受访学生没有亲密的美国朋友,这种现象在东亚留学生中最为普遍。[②]

三、学习冲击

中国学生感受到的第一种文化冲击就是学习冲击。美国的学习形式、考

---

① 乔治·蒂奥,美国教授眼中的中国学生 2001 年 9 月 25 日,参见 http://www.tigtag.com/community/language/13262_0_2.html。

② 宋珊,中国人赴美留学面临巨大挑战,参见 http://www.nbcnews.com/news/world/chinese-students-heading-u-s-college-face-tough-transition-n419436http://www.nbcnews.com/news/world/chinese-students-heading-u-s-college-face-tough-transition-n419436)。

试方式、师生关系、课堂期望与中国截然不同。首先,学生在中国聚在一起学习同样的科目,这意味着他们都会以集体形式学习相同的东西,从而能够分配作业任务、准备考试等,然后与其他人分享。对一名美国教师来说,这一过程可能存在较多作弊行为,学生之间可能会相互抄袭;但学生们认为,这只是共同协作的一种"幸存方式"。在美国,学生通常独立完成任务,很少会分享其课堂笔记,也很少会让其他学生抄袭作业或考试答案。当然,作弊也会发生,但只是例外,并不常见。

中国的分数等级主要按考试成绩判定,而美国会结合考试、论文(短文、研究报告、演讲、文献分析等)等综合考虑。大量书面作业给中国学生带来了沉重的负担,导致他们经常彼此抄袭。此外,在中国,学生很少写研究论文,没学过如何在论文中提供引用来源和参考文献,所以他们到了美国还是会仅仅上网查找与他们报告相关的文章,并剪切、粘贴到自己的论文中,然后在没有附加任何引用来源的情况下提交论文。当然,这被认为是抄袭,即学术不端行为。2007 年,杜克大学福库商学院的 9 名中国学生由于上述原因被开除。2015 年,美国各地大学共计8 000多名华人由于学术不端被开除。

美国与中国学习文化的另一个区别在于课堂参与的期望值。美国教师期望学生积极参与课堂活动,会经常在课堂上提问,并期待学生举手回答问题,并且认为安静地坐在那里从不主动回答问题的学生没有好好预习,没有完成阅读任务或没有认真听讲。中国学生不习惯这类课堂文化,并且羞于在其他同学面前讲蹩脚的英语,所以往往沉默寡言。

四、歧视

不同的学习和社会文化导致中国学生受到美国学生的歧视和偏见。以下是一些典型的评论[①]:

·"我相信,就算我们的老师问全班'2+2'等于几,而且没有其他人回答的话,中国学生也不会站出来回答这个问题。"

·"他们在扼杀课堂讨论,从不参与其中。"

---

① 丹·哈里斯,中国学生在美国:不融入就会很糟糕,2012 年 1 月 11 日,参见 http://www.chin-alawblog.com/2012/01/chinese_students_in_america_why_do_they_even_bother.html。

• "我无法忍受听他们讲演。他们的英语很烂,还不努力。当初一定是别人替他们考试的吧。"

• "学校会后悔招了他们。他们永远不会以校友的身份向学校捐款。他们就像从未在这里存在过一样。"

• "你永远看不到他们参与学校的任何活动,永远不会,除非这能帮助他们考高分。"

• "他们从未尝试过同中国人以外的人交流。"

• "他们总是作弊。我经常看到他们作弊,真是令人难以置信。我总是向我的教授抱怨这件事,但他们通常表现出一副不愿意屈尊去处理这类小事的样子。你来看看考试现场就明白了,因为他们支付学费,就可以侥幸逃过,这不公平。"

• "我的朋友 GPA 3.8、SAT 650,但没有被录取,不得不去其他学校。我知道和中国学生相比,他或她会给我们学校做出更多贡献。"

• "我听说他们大部分人都是通过作弊进来的。"

• "学校声称他们为多样性做出贡献,这是一个彻头彻尾的谎言。从来不说话的人怎么能做出任何贡献?所有人都知道他们能在这里只是因为他们支付了学费。"

• "我试图与他们中的一些人交谈,但他们显然没有兴趣。"

• "这是破坏中国和我们之间关系的好方法。"

• "他们为什么要费尽周折来这里学习呢?他们来这里学习,但他们从来不与任何非中国人交流,我不太明白他们为什么还要来。"

中国学生不愿或不能融入其中的主要原因是语言障碍,这种语言障碍促成了文化冲击的循环:中国学生不与美国人交流,不在课堂上张嘴表达想法,不参加社交活动和学校活动。美国学生的消极歧视加重了中国学生面临的文化冲击。

如果学生同意开始正规学习前先完成英语强化课程(IEP),美国一些大学会对中国学生采取暂时许可政策。对很多人来说,学习英语强化课程就像在中国和美国之间的某地生活。大多数留学生一起选修全日制英语课程,在图书馆、宿舍、班级之间来回奔波。他们在线记录了数小时听力练习,通过琐碎的短剧来解读美国文化,这些短剧通常与他们的日常生活无关。走进原汁原味美国生活的途径很少,因为中国学生倾向于聚在一起,将自己与美国文化隔离开来。①

五、社会冲击：校园派对生活

很多美国大学生被称为"派对动物"。他们参加啤酒派对，啤酒都是大型 5 加仑桶装，每周派对 2～3 次。当很多中国留学生被问及为什么不喜欢参加校园派对时，他们会说派对太狂野，饮酒太多，有很多醉酒的人说话，说说笑笑，而且十分吵闹。中国留学生还感到害怕，因为有些人一喝醉就打架，原因不过是争不出最厉害的职业运动队，或谁更强壮，或是为了某个漂亮女孩。这些情况让中国学生感到不自在，他们宁愿不参加，认为这些派对只是浪费时间。

另外，学校有时会举办派对，让中国学生以不同的方式表演，如唱歌、跳舞、短剧或讲幽默故事。这些都是非常正式的活动，有固定的时间，中国学生不得不从学习中抽出大量时间排练。②

六、乡愁

想家是文化冲击最显著的迹象之一。乡愁表现为与家人、朋友、国家以及所有熟悉事物分离的强烈孤独感和悲伤感。中国留学生很渴望和家人团聚，渴望回家和朋友共度时光。

克服思乡之情的方法有很多。例如，与世界另一端的人经常保持联系，如今这已十分便捷，只需要互联网连接和通信平台。很多中国人用 QQ 和微信，可以实时视频通话、打电话和发短信；微博是另一种流行的社交媒体网站。有了这些平台，保持联络轻而易举——联络即时，沟通清楚，永远免费。

当然，减少乡愁的另一种方式是努力适应美国文化。结交朋友，参与俱乐部组织的活动将转移中国学生的注意力，让他们不去想家，并将他们置于生活的"此时此地"。但前提是中国学生英语要好。事实上，思乡感与英语不足直接相关——英语水平越差，越有可能思乡。

---

① 黛西·霍尔多夫，不知身在何方，参见 http://2011. soulofathens. com/our-dreams-are-different/not-here-or-there-3. html。

② 黛西·霍尔多夫，不知身在何方，参见 http://2011. soulofathens. com/our-dreams-are-different/not-here-or-there-3. html。

七、适应文化的一些方法

中国学生需要积极主动地采取措施缓解文化冲击,具体有以下一些方法:

(1)尽可能说英语。找一个美国室友或学习伴侣,并参加大学寄宿家庭计划。

(2)请求人们说得慢一些,并写下他们所说的话。

(3)与教授讨论学习中遇到的任何问题。

(4)如果感到孤独或想家,与他人(心理咨询师、老师或朋友)交谈,然后在那天做一些让自己开心的事。

(5)抓住机会向其他人介绍你的国家和家庭。美国人有时会害羞,不会主动开口询问。

第九章

书本智慧

聪明意味着什么？对很多人来说,聪明的人就是一个在学校表现良好、学习成绩很好的人,或者可能是智商高的人。很多中国人认为高考是一个人智商的终极考验——高考取得高分是前途光明的标志,大多数中国人将得分最高的人(状元)视为社会上"最优秀、最聪明的人"。但与大众的期望相反,在职业方面,状元和高智商的人并不是取得最大成就的人。中国教育部研究 130 名状元后发现(1978—2003 年),他们在职业生涯中没有任何显著或突出成就。

除智力外,还有另一种聪明,我们称之为"街头智慧"。这是指一个人的生活阅历以及他应对、理解生活中人际和情感复杂性的能力。街头智慧不需要书本知识,它来源于直接经验,体现出生活中的起起伏伏。所以一个真正受过教育的人兼具书本智慧与街头智慧,如图 9-1。

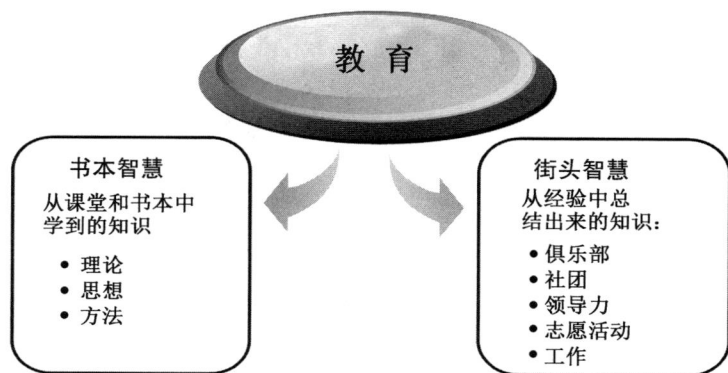

图 9-1　书本智慧与街头智慧

美国教育鼓励书本智慧和街头智慧均衡发展。美国学生必须努力学习才能取得好成绩(就像中国学生一样),但学校和家长也积极鼓励学生广泛参加活动,例如体育活动、志愿活动、俱乐部,以丰富他们的街头智慧。而中国教育压倒性地支持书本智慧的发展。虽然中国学生也参加体育运动和其他活动,但这些活动往往因为"干扰"学业或书本智慧而遭到反对。对于上中国的大学参加俱乐部活动、志愿服务毫无意义,唯一重要的就是高考,而高考成绩只能衡量一个人的书本智慧。在美国,大学录取取决于两方面的考量:首先,必须在大学申请中列出参加过的活动；你的个人陈述中经常会有与个人在社区或学校的经历有关的问题。换句话说，大学想知道你是否兼具街头智慧和书本智慧。

一、思维技能

思维技能指的是智力或脑力，如逻辑推理能力，理解能力，分析和解决复杂问题的能力，计算能力，记忆能力，运用推理进行评估、判断和决策的能力，创新思考能力，设计新思路、新模型和新计划的能力。思维技能有很多种，如图 9-2 所示[①]。

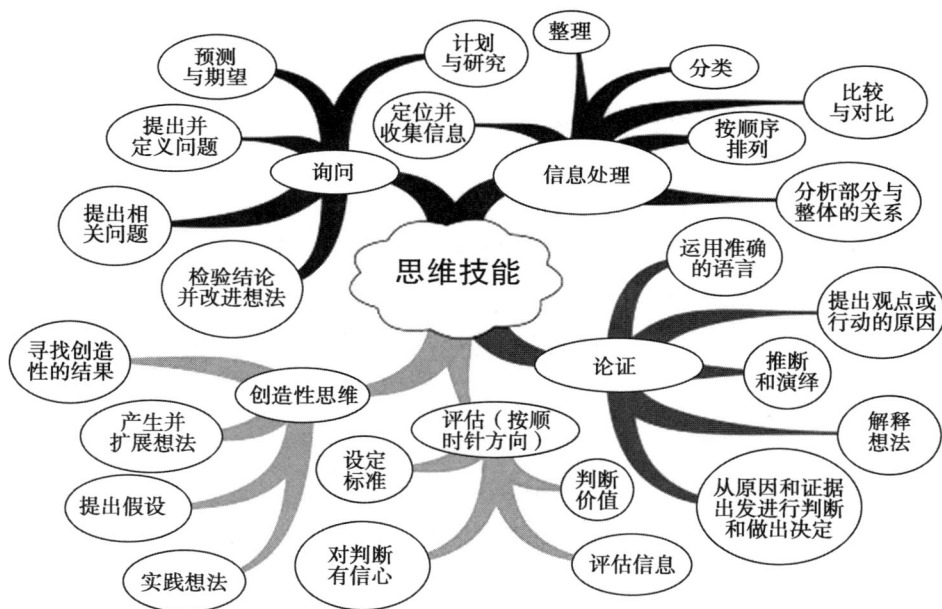

图 9-2　思维技能分类

(一)低阶思考与高阶思考

思维技能可分为低阶和高阶两类。布鲁姆将思维技能分为六类，从低阶

---

① The "map" of thinking skills is from Logotron Educational Software，参见 http://www.logo.com/twp/thinking_skills.html。

思维技能到高阶思维技能递进①,如图 9-3:

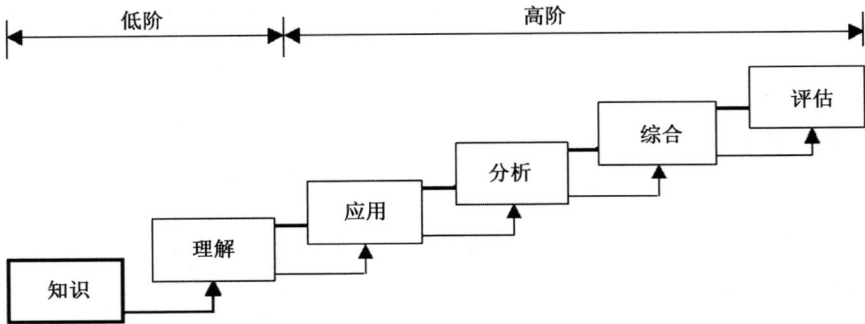

图 9-3 思维技能递进关系

低阶思维技能包括:

(1)知识。学习和记忆事实。

(2)理解。理解事实和知识含义。

高阶思维技能包括:

(1)应用:能够将学到的知识应用于不同的环境和情况中。

(2)分析:能够分解复杂想法,并找出其中各个组成部分之间的关系。

(3)综合:从先前不相关的概念创造新想法或将信息应用于新环境的能力,也叫创造性思维。

(4)评估:能够判断想法的有效性或价值,又叫批判性思维。

当今,全球企业倾向于寻求具有高阶思维能力的员工和管理人员,这些人有创造性解决问题的能力、创新能力,是公司提升国际竞争力的关键。事实上,很多公司甚至会在面试过程中测试应聘者的高阶思维能力,给出一些必须解决的问题,以便判断他分析、评估、整合信息以解决问题的能力。

中国的教育与思维技巧

人力资源经理、学生乃至很多父母抱怨最多的就是大学毕业生缺乏

---

① 本杰明·布鲁姆.教育目标分类学:手册 1[M].纽约:戴维麦凯有限公司,1956。更多有关布鲁姆分类法详见 http://www.nwlink.com/~donclark/hrd/bloom.html。

工作场所所需的实用技能①。换句话说，中国毕业生大部分时间都是在学习中发展低阶思维技能：学习掌握大量知识，如理论、概念，但没有足够机会将知识应用于新的实践，并利用知识来分析解决问题，提出新想法。事实上，大多数中国教育仍然强调教师和书本知识的权威性，不鼓励学生质疑、挑战教师和书本，也不鼓励独立思考和创造性思考。然而，很多雇主如今需要的是那些能够利用批判性思维、创造性思维解决问题并决策的毕业生，所有这些都需要高阶思维能力②。

为了弥补这些不足，教育部从2001年开始对中小学课程进行重大改革。如今，中国的顶尖初中和高中已经排名世界前列。最近一份报告总结如下："新课程的特点有：鼓励课堂辩论，引入更多以探究为导向的方法，更加关注于将理论应用于解决新问题上。"

然而，报告还指出了改革面临的诸多障碍，包括对高考的重视程度不减。这意味着传统的教学方式仍在延续，改革进程缓慢且不平衡。此外，大多数大学课堂教学和学习文化仍然集中于书本学习和考试，基本不会挑战老师和书籍的权威。很多大学毕业生从未写过研究论文（培养探究思维能力、批判性思维和创造力的重要条件），很多工程师毕业时不具备开发项目团队的技能，大多数商学院学生毕业时没有实际管理技能。③

（二）批判性思维

批判性思维是雇主高度重视的高阶思维技能，涉及以下能力：

（1）区分可证实事实和观点的能力。例如："亚伯拉罕·林肯是美国最好的总统"——这是事实还是观点？

（2）通过评估事实的来源和适用性确定事实的准确性。例如："我的老师说美国是世界上最强大的国家。"只因为是权威或老师说的你就觉得它是真

---

① 尼克·帕顿.中国充斥着毕业生——但他们足够好吗？[J/OL].管理问题，2007-02-22.http://www. management — issues. com/2007/2/22/research/china-awash-with-graduates-but-are-they-any-good.asp。

② 尼克·帕顿.中国充斥着毕业生——但他们足够好吗？[J/OL].管理问题，2007-02-22http://www.management-issues.com/2007/2/22/research/china-awash-with-graduates-but-are-they-any-good.asp

③ 商业圆桌会议,中国教育:给美国教育工作者上的一堂课。

的,是否有其他事实可以支撑这一说法?

(3)确定真相的基本假设。例如,"美国是世界上最自由的国家,因为每个人都有投票权",这一说法的前提是自由取决于投票权——但这是真的吗?

(4)识别论证是否合乎逻辑或是否矛盾。例如,"在美国每个人都有投票权,因此美国是一个自由的国家"——这是否合乎逻辑?

(三)创造性思维

阿尔伯特·爱因斯坦曾经说过:"想象力比知识更重要。"当今全球市场竞争激烈,这一说法变得无比真实,因为公司和国家竞相成为创新的领导者,创造出新的、更好的创意、产品、服务。但究竟什么是创造性思维?创意专家保罗·托兰斯(Paul Torrance)认为,创造性思维是"感知信息中的问题或分歧,形成新的想法或假设,检验和修改这些假设并交流结果的过程"。创造性思维具有以下六个特质:

(1)流畅:快速产生很多想法的能力。

(2)独创性:能够产生别人没有想到的想法的能力。

(3)灵活性:能够产生各种不同想法的能力。

(4)详细阐述:为想法添加有趣细节的能力。

(5)好奇心:提出关键问题的能力。

(6)想象力:发现可能性或预见他人无法预见之事的能力。

(四)解决问题

解决问题是一种思维策略,结合了低阶思维技能(了解事实、理解和分析因果关系)和高阶思维技能(创造新的解决方案、评估可能结果),对于多种不同类型工作和职业的成功具有重要意义。解决问题有四个步骤:

(1)认识到问题的存在,明确说明问题的本质。

(2)找出导致问题出现的原因。

(3)找出可能的解决方案,并制订执行计划。

(4)评估和跟进计划的结果,并根据需要进行修改或调整,直到问题得到解决。

（五）决策

很多职业还需要另一个重要的思考技巧，就是决策。在非常重要的事情上，或者要在短时间内做出决定时，并不是每个人都能自信地做出决策。然而，我们每天都面临数十项决策，为了得到最佳效果，我们必须掌握决策方法。决策方法有很多，如帕累托分析法、配对比较分析法、成本－效益分析法、决策树法等等。[①] 最常见的决策方法是成本－效益分析法，可概括为以下五个步骤：

（1）确定目标，或者想要得到的结果。

（2）确定实现目标可能遇到的障碍或问题。

（3）采取一些措施清除这些障碍。

（4）评估上述各种措施的收益和成本。

（5）根据最低成本和最大收益原则进行最佳决策。

二、美国学习风格

美国的学习风格与中国的学习风格截然不同，美国更重视课外自主学习以及更多的课堂参与。

（一）课堂参与

一般来说，美国学生的课堂积极参与度普遍要比中国学生高。美国教授有不同的教学风格，要弄清楚每位教授的风格并不容易——这是中国学生最大的障碍之一。每种教学风格都需要相应的学习风格。本部分将介绍美国大学一些主要的教学风格，并说明如何根据不同的教学风格做好充分准备并调整学习风格。

（二）讲座风格

较大的班级，尤其是入门级的班级，通常会采用讲座风格，这一点和中国

---

① 有关不同决策技巧的实用性总结，参考《心智工具：职业发展的必备工具》，参见 http://www.mindtools.com/pages/article/newTED_00.htm。

相类似。教授或助教会站在大教室前展示课堂内容,大多数教授会按照教学大纲讲课,对学生课堂参与度期望不高,但就算是大型讲座班,也有一定的最低要求。

(三)课堂讨论

课堂上,学生经常要参与讨论。特别是在小班教学中,课堂讨论是学生在学习过程中积极参与、感兴趣、积极动脑筋的标志。一些教授采用苏格拉底式教学法,只提出重要问题,让学生使用演绎推理和归纳推理法以及辩证的辩论方式,从而引导学生得出自己的结论。教授通常会鼓励学生提出不同想法,但要求学生用证据、事实、逻辑论证来支持。如果学生在课堂上保持沉默,不提问,不发表意见,那么教授会认为学生没有预习或不感兴趣。不管考试成绩如何,不参与课堂讨论往往会使该课程分数较低。

(四)提前预习课程

要事先知道课上要讲述或讨论的课题,并在课前做好准备,这可以通过查阅教学大纲和教学指南(通常由教授提供,第一天上课时给学生)来了解。每个主题都会有一个相应的课前阅读清单。仔细阅读材料,标出阅读作业的主要思想,并在笔记本上写下关键概要以及阅读时可能提出的任何问题或不同想法(这称为"记笔记")。大多数教科书的每章末尾都有总结和复习部分,以帮助学生关注本章的重要内容。另外,教师也会告知阅读时应该注意哪些指定的页码或想法,每堂课都要记得带上书和阅读笔记。

(五)课上记笔记

大学必备的重要技能之一是学会如何记笔记,就是在听教授讲课时写下要点。提前 10 分钟到达班级,以便选择位于教授前方或附近的座位,这样就可以清楚地看到教授并听到他的声音。将教科书翻到指定页面,并打开笔记本,在笔记本顶部写上日期,方便日后根据日期寻找课程和主题。有时教授的进度会落后,所以写下日期和主题可以避免混淆。

要特别注意教授在黑板上写的内容或者 PPT 中的内容,把这些记下来。大多数教授不同意拷贝他们的讲义或 PPT,所以必须自己记录所有内容。如果教授发现你拍他的 PPT 或黑板上的笔记,他可能会向学术纪律委员会举报你。

聆听教授讲授的内容,并学会记录下重要的内容,这是一项必须长期培养的技能。有一些教授讲课容易让人跟上:他们会放慢语速,会在电脑屏幕或黑板上写下要点,会停下来以确保学生有时间记下要点,在讲座期间还会问几次"有没有问题"以确保学生和教师之间有效交流。但有些教授可能会讲得很快,在电脑屏幕或黑板上写得很少,并且整个讲座中从不停顿,似乎并不关心学生跟不跟得上。很多美国学生很难记好课堂笔记,所以如果你在这方面遇到很多麻烦,尤其是在尝试习惯英语讲座的前几个月,不用感到惊讶。

(六)课堂录音

自我提高的一个手段是课堂录音,但必须事先得到教授的允许。虽然大多数教授会很配合,允许学生录音,但有些教授不允许。在学期开始的第一天可以联系教授,向他说明自己是新来的留学生,课堂录音是为了课后回顾,以利于理解和学习上课材料。但是,不要像某些同学一样,把录音当作笔记的替代品。如果上课时只是打开录音工具,然后被动地坐在那里(以为自己会在课后从头回顾一遍),那么你的英语水平不会快速提高,而且你也无法轻松参与课堂活动。此外,如果不积极记笔记并且"看起来很忙",教授会认为你在他的课堂做白日梦。

(七)复习课程

课程结束后,回顾当天教授讲过的内容。反复复习阅读材料和笔记,确保了解主题、重点、概念以及生词。如果有些地方不清楚,可以找同学对比笔记,从而帮助理解;或者可以在教授办公时间去找他问问题。永远不要害怕寻求帮助,大多数人(特别是老师)会很乐意花几分钟时间为你解惑。

(八)定时完成家庭作业

美国教授给学生留大量家庭作业是很常见的。家庭作业不全是需要准备好并交给老师来计算成绩的。有时作业只是阅读指定的章节主题;数学或科学课的作业会涉及解题;文学、人文、社会科学课的作业可能是写短文、故事、研究论文。老师也许会收作业,也许不会;但无论收还是不收,每天都要准备好。一般来说,应在每个科目上花 2~3 小时自学和做作业。

(九)学期论文

　　有时候,教师会布置一份研究论文,学生可以利用整个学期的时间来研究和写作——这就是学期论文。撰写研究论文有两个目的:①深入研究一个与课堂相关的话题;②在设计论文、查找材料来源、证实论文逻辑以及组织论文使其清晰可读的过程中,培养自己的研究技巧和批判性思维技巧。学期论文是一项长期工作,让很多学生感到头痛。

第十章

街头智慧

街头智慧指的是参与大学社交生活的经验。为了能让学生融入校园生活，平衡学习和娱乐的时间，美国大学提供了各种活动。无论是运动，参加戏剧社或辩论社，加入学生会，还是加入众多兴趣俱乐部，或从事兼职工作，总有一些活动可以充实单调的学习。对于未来的雇主来说，个人学术成就和课外经历同等重要，因为通过参与校园生活，可以提高英语水平，培养自身的竞争力、领导力、团队合作能力、公开演讲能力、毅力以及平衡工作与生活能力等。

一、智商与情商

第一章中我们讨论了多元智力理论，即人们至少拥有 8 种不同的智力。这些智力类型中的三种——语言智力、数学或逻辑推理智力和空间智力——是通过传统智商测试来衡量的，也就是书本智慧。智商测量于 20 世纪初发展起来，流行多年，一直作为衡量智力和选择能人的标准。在西方国家，几乎没有人能够摆脱这种生活上的考验。很长一段时间里，人们主要依据智商高低来判断事业能否成功，生活能否快乐。然而，在众多智商测试中，心理学家从未得到过智商与未来生活、事业成功之间呈正相关的结论。事实是，高智商的人可能不会成功，而智商一般的人可能取得成功。这样一来，越来越多的心理学家开始质疑将智商作为衡量成功标准的正确性。

自多元智力理论提出以来，越来越多的研究开始关注其他智力类型，特别是涉及与他人相处的智力以及自我意识的智力。情绪智力是指人际关系智力（人际智慧）和个人内省智力（内省智慧），人们设计出一些测试来测量这些要素。[①]这些测试与智商测试相对应，称为情商测试。就像有些人智商高于其他人一样，情商也是如此：有些人在与他人打交道方面具有与生俱来的才能，且

---

① 这个概念最初由耶鲁大学的心理学家彼得·萨洛维伊和新罕布什尔大学的心理学家约翰·梅尔于 1990 年提出，然后由哈佛大学心理学家丹尼尔·戈尔曼在一系列畅销书中进一步发展和推广。在卡里·柯尼斯的论文中可以找到关于情商测量的发展和意义的实用性总结，参见 http://www.businessballs.com/emotionalintelligenceexplanation.pdf。

自我意识强,即情商高。人们普遍认为情商是事业成功的关键因素,这是因为大多数单位的工作方式在过去 20 年中发生了变化。随着工作单位逐渐倾向以知识为基础、团队合作和以客户为中心,人际交往技能越来越重要。越来越多研究表明智商只占事业成功因素的 20%,而情商则占 80%。

情商主要包括以下四个方面:

(1)自我意识。情商的核心是了解自己。这包括了解自身情绪,以及情绪如何影响思维和行为(情绪自我意识);了解自己的优势和劣势(准确的自我评估);并且能准确认识自身价值和能力(自信)。

(2)自我管理。一旦具备了良好的自我意识,那么在个人发展中就可以发挥控制情感的优势,包括控制负面情绪和冲动(情绪自我控制),展示诚实和正直,值得信赖(率真),适应不断变化的情况或克服困难(灵活性),培养实现目标的动力和热情(以成就为导向),能够看到机会并主动利用机会(主动)以及保持积极的态度(乐观)。

(3)社会意识。了解他人感受和需要的能力也非常重要。例如,感知他人的情绪,了解他们的观点,并主动关心他人感受的能力(移情);发现并满足他人的需求(服务)。

(4)人际关系管理。建立和管理人际关系是情商的第四个关键,包括具备前瞻性(领导力)的指导和激励,能够运用各种策略来说服人(影响人),通过反馈和指导提升他人的能力和表现(发展他人),提出管理和领导的新方向(作为变革的推动者),解决人与人之间的分歧和冲突(冲突管理),培养和维护一个关系网(建立联系)以及加强合作和团队建设(团队合作)。图 10-1 总结了情商的四个方面①。

---

① 此图改编自 http://www.psychometric−success.com/emotional−intelligence/emotional−in-telligence−in−business.htm。

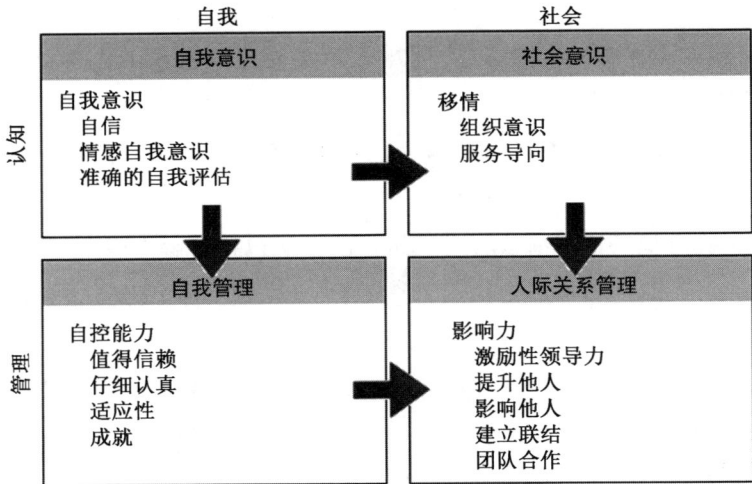

图 10-1　情商的四个方面

人际交往技能可以从很多不同的环境中获得，并且可迁移，因此非常有用。例如，如果你是学校组织的领导者，那么你已经学会了可应用到工作环境中的领导力、管理、沟通和委派技能。很多雇主重视人际交往技能，所以接下来我们详细讨论这一技能。

二、人际交往技能:"没有人是一座孤岛"

人际交往技能是进行有效沟通、建立和维持健康而有效的关系，并减少或解决与他人冲突的必备技能。毫无疑问，人际交往技能是职业和个人发展所需的最重要技能之一。我们的人生意义和职业核心目标是什么。是为了寻找幸福吗？人类世界的幸福在何处？幸福在于培养良好的关系，能够表达我们对他人的爱与友谊，并且也能让他人感知到。众所周知，"没有人是一座孤岛"。没有他人的帮助与支持，谁都不能成功，更不可能幸福。结交朋友的能力越强，结交新朋友就越容易。当知道如何与他人相处，并学会"付出才有回报"的相处方式时，就更加容易扩大朋友圈。我们无法回避这样一个事实:我们是群居生物，我们生活在社交网络中。持久的幸福需要与家人和朋友建立相互支持的关系。与生命中重要的人关系越融洽，我们就会越快乐。我们的社交网络从直系亲属开始。母亲是我们的第一个社会纽带，当我们还在子宫里时,这种关系就已经存在。父亲是第二个社会纽带,其次是兄弟姐妹和其他家庭成员。我们在家庭这个社会单元中掌握了很多最初的人际交往技能。如果家庭幸福,懂得付出而且有爱,那么我们就容易学会沟通、倾听、合作、帮助他人等重要交往技能。随着年龄的增长,我们开始结交朋友并拓展社交网络,进而形成更加复杂和广泛的人际交往技能。很多人因为处理不好人际关系而感到困扰,所以良好的人际交往技能可以消除很多烦恼。最棘手的问题通常是与人发生冲突。当掌握了团队合作能力,能够接受并赞美他人,化解冲突并能找到双赢的解决方案时,我们每天的烦恼将会大大减少。

人际交往技能不仅在家庭生活和个人发展中很重要,在工作中也同等重要,对于在职场中取得成功更是至关重要。当雇主被问起招聘新员工时他们最看中的三项技能时,他们一致认为是沟通、人际能力和团队合作[①]——这三点都是人际交往技能。比尔·盖茨是近 50 年来最成功的商人之一,他曾说过:"商业无关利润,商业关乎人。"他始终认为,企业的宗旨是满足人们的所需所想:客户、员工、投资者乃至公司所在的更广泛的社会。不管是提供日常必需品使人们的生活更加便利,还是帮助人们发挥潜能、实现梦想,只要知道如何满足人们的需求,利润就会随之而来。此外,良好的人际交往能力有助于拓展个人和职业发展的机会。人们越是喜欢你、欣赏你,你越有可能得到利于自己的新机会。

尽管人际交往技能非常重要,但这些技能很少在课堂上教授,书本上也不易学到。人们必须通过实践来培养这些技能。学习人际交往技能的过程被称为社会化的过程,它是个人发展的重要组成部分。如果总是埋头学习,只关心书本知识,那么社交化过程就会受到阻碍。因此,课堂外的锻炼至关重要,比如参加学校社团、做志愿活动或做兼职。通过与不同类型的人一起工作,学习如何作为团体的一分子工作,将有机会更快地培养沟通能力、团队合作能力和其他人际交往技能。

具体的人际交往技能包括沟通能力(说话、发言、主持会议、倾听他人、写备忘录)、团队合作能力、领导能力、帮助别人和解决冲突的能力。在讨论这些能力之前,我们引入了"情绪智力"(就是人们常说的情商)这一概念。良好的情商是有效人际交往的基础,所以除智商外,理解什么是情商以及如何培养高

---

① 参见 www.1000ventures.com。

情商是至关重要的。

(一)沟通

沟通是最重要的人际交往技能,每个人都应掌握。以下是当今就业市场中雇主所需的最重要的沟通技能:

雇主想要的沟通技巧

- 倾听和理解;
- 说话时表达清晰;
- 根据读者需求进行写作;
- 根据具体情况进行协商;
- 独立阅读;
- 移情;
- 用英语之外的语言说话和写作;
- 有效使用数字;
- 了解内部和外部客户的需求;
- 有效说服他人;
- 建立和运用社交网络;
- 坚定自信;
- 分享信息。

沟通是任何关系中最基本的要素:没有沟通,就没有关系。当然,无论是在家人、朋友还是同事之间,沟通不畅都是导致关系不融洽并发生冲突的最主要的原因。

什么是沟通?首先让我们弄清楚什么不是沟通。很多正在讲话的人在交流。为什么呢?因为其他人根本没有在听。沟通与分享意义和看法有关:当两个人分享某事的意义和看法时,他们就有了真正的沟通。沟通可以从交换文字开始,但如果没有分享这些文字的意义,那么沟通就不成功,两个人也没有相互理解。请记住,有效的沟通往往不需要文字。交流也不仅仅是信息交流。如果信息的意义不明确或没有在两个人之间分享,那么交流过程就是失败的。所以,有效的沟通意味着形成清晰、共享的意义或看法。

(二)沟通过程

如何有效沟通？沟通过程由以下四个部分组成：信息发出者—信息—信息接收者—反馈。

实际上，沟通最重要的部分就是反馈：这是完成沟通过程的唯一途径，并且信息发出者和接收者可以确定他们达成了共识。如果接收者的反馈表明他不理解，那么发出者有机会再次发送说话意图。请记住，发出者在接收反馈时变成了接收者：他要成为一名倾听者，他必须没有成见，认真倾听对方是否理解（或误解）自己的意思，而不只是关心自己接下来想说什么。在听到反馈之后，他可能会选择使用不同的文字或者使用完全不同的方式来表达自己的意图，比如肢体语言、写字或画图。沟通方式（说话、写字、肢体语言、画图）并不重要——重要的是共享的含义，或者是我们所说的"达成共识"。这种沟通将会循环下去，直到双方达成共识。

(三)沟通障碍

不幸的是，有诸多原因会导致两个人之间的沟通循环被打破。以下是一些常见的沟通障碍：

(1)文字的选择。信息发出者可能会使用其他人不理解的词，这可能是由于双方的教育、文化或语言背景不同。另外，一个字或短语可能有多种含义或解释。

(2)选择性倾听。接收者可能只能"听到"他觉得舒服的信息，"过滤掉"引起他不适，或者他不同意、不喜欢的那些信息。请记住，我们都有不同的观念、价值观和信仰，当价值观和信仰发生冲突时，会导致心理学家所说的"认知失调"，其结果通常是不适、痛苦甚至是愤怒，所以我们经常会"过滤掉"令人不愉快的信息。

(3)术语。术语是指专业语言词汇或职业技术语言。我曾遇到过一位教授，他是其研究领域和写作领域的杰出专家，但他的课讲得不好，因为他一直在大一新生的课堂上使用行话，学生们总是不明白他想说什么。

(4)物理障碍。有时当两个人试图进行交流时，周围的噪声或其他干扰会阻碍他们倾听对方，同时影响信息的反馈。

(5)方法不当。信息发出者可能在发送消息时方式不当——使用了错误的方式、在错误的时间或地点发送消息。例如,假设一位老板跟他的秘书说:"嘿!宝贝,请确保你今晚可以加班。"接收者可能会将这种挑逗的说话方式理解为约会邀请,而不是要处理重要的公司事务。或者假设一位老板想要纠正一名员工的错误,他却说:"你知道你在做什么吗!"而不是"我知道你很努力,但我有个建议,或许可以帮你做得更好。"后一种纠正错误的方式比前者更容易让人接受。所以请记住,如果我们选择的沟通方式不当,那么我们极容易导致误解。

如果你的英文不好,那么所有这些障碍都会被放大,有时几乎无法沟通。本章后面部分将介绍一些提升英语能力的方法。

(四)倾听的重要性

实际上,倾听是口头交流中最重要的部分。为什么倾听如此重要?不仅仅是因为倾听可以让你获得新的信息或者理解信息,更重要的是,倾听表现出对他人的尊重和关心。倾听表明你想要了解,并且你有一颗开放的、愿意倾听的心。如果在倾听的过程中表现出对他人开放包容的态度,那么他们可能更相信你,尊重你,喜欢你——这将成为成功沟通和良好关系的基础。

三、英语技能

在过去的几十年中,中国经济"走向了全球"。目前,随着上百个国家的数千家外国公司在中国开展业务,外语技能已经变得非常有价值。当然,最重要的外语是英语,因为英语是商业和贸易领域的国际语言。法国、德国、日本、智利等非英语国家同样以英语开展国际业务,中国也如此,无论是与日本、德国、法国还是澳大利亚、英国、加拿大、美国等英语国家做生意。因此,自 20 世纪 90 年代以来,英语教育一直是中国改革开放政策的重要组成部分。

在中国,从 2001 年开始,英语语言教育成为必修课,要从小学三年级一直学到大学一年级或二年级,所以学生毕业时学习英语的时间长达 10～11 年。很多学生会进一步通过大学英语六级考试(CET-6),且通过大学英语四级考试(CET-4)是大部分大学的毕业要求。① 英语教学正在经历重要的改革,因为教育部采用了 9 级英语学习的国际教学标准,更重视日常生活中的听说能力,而不像以前只重视语法、写作和背单词。如今中学生的英语水平明显高于几年前中学生的英语水平。①

尽管中国学生学了好多年英语,但大量研究发现,大多数中国人的实际英语应用水平仍然很低。事实上,麦肯锡咨询公司调查发现,只有 3% 的大学毕业生拥有中国顶尖跨国公司所需的英语技能。另一项研究表明,出国留学 2 年或以下的学生中只有约 50% 具有顶尖公司所需的英语能力。

(一)在中国学好英语的障碍

大多数中国学生抵达美国时都没有做好与美国人说英语和理解日常英语的准备,他们很快变得不愿意开口说话。这是因为在中国学好英语口语有几大障碍。

其中最主要的是,中国的英语学习过于注重学术标准和考试,不注重实际应用。中国人为了通过大学英语考试(CET)(以及之后的雅思或托福)而学习语法、标点符号和词汇,但在日常使用(例如阅读菜单、路牌,问路,描述假期,介绍自己或其他类似的常见情况)方面缺乏足够的练习。此外,大多数中国学生无法跟母语人士学习英语,而很多中国教师自己都觉得在课堂上讲英语不自在。大班学习,加上很多课程的压力,使得大多数中国学生几乎没有机会和时间练习口语。

学好口语还有另一个障碍:那就是害怕犯错误,害怕在别人面前"丢脸"。很多中国人实际上有能力用英语谈论很多事情,但他们不愿开口,因为害怕犯错误,害怕感到尴尬。这种对"丢脸"的恐惧是典型的中国问题。我在很多其他国家教过英语,那里的学生们并不担心使用英语时犯错误,他们的态度是只要能够表达意思即可。当然,随着锻炼得越多,犯错就越少。

(二)怎样提高英语口语水平

很多人常常问我:"要提高英语水平,你有什么建议吗?"我的回答很简

① Lin Lin. English Education in Present Day [J/OL]. ABD,2002,33(2),http://www.accu.or.jp/appreb/09/pdf33-2/33-2P008-009.pdf。

短:"要想变得与众不同,你必须做到与众不同!"我的意思是,如果想在英语上与大多数中国人有所不同("不同"就是更好),必须做得与大多数中国人不同。不要仅仅指望通过中国教师、学校课程、英语考试的准备材料学好英语——我们都知道这些常见的方法对于学习英语效果并不好,因为实际上母语人士并不这样讲英语。我们需要把自己的事情掌握在自己的手中,制定适合自己学习风格并能在日常情况下对自己有帮助的策略。听过马云的故事吗?为了提高英语水平,他每天早上上课前去国际饭店阅读英文报纸,与外国人聊天。那是发生在30多年前的事,当时互联网还没有普及,中国的外国人不多,英语还没有成为从小学到大学的必修课。如今,中国学生有了更多资源去提高英语水平。然而,和任何技能一样,我们需要具备马云身上所体现的重要素质:学习英语的强烈愿望(激情),并主动采取额外行动提高自己。

为了提高英语口语水平,必须张口说英语,而不管是否有错。下面是张口说英语的一些日常方法:

1.找一个练习伙伴

如果有人一起学习英语,困难也会变少。如果不好意思与美国人一起练习英语,也可以找一个中国学生一起练习。更好的办法是交一个美国朋友,并每周带他吃一次午餐,这样就可以练习英语了(但不要告诉他这个原因)。大多数中国学生互相之间从来不讲英语或练习英语,他们错误地认为只能和外国人一起练习才会有长进。但真正遇到一个外国人时,他们很快变得害羞,害怕犯错,甚至不敢开口。我强烈建议找一个决心要提高英语水平的中国人,成为彼此的"练习伙伴",并且一起与美国人交朋友,练习口语。你们要彼此约定在某些特定时间只讲英语,如可以约定每周两次的"全英文午餐时间"。

2.浏览英文新闻网站

每周预留半小时(时间越长越好)访问英国、美国、加拿大或澳大利亚等国的一些新闻网站,阅读头条新闻和短篇新闻。这不仅可以提高英语水平,还可以更加全面地了解当前世界形势,并提供一些闲聊或英语聊天的话题。你还可以阅读体育网页或者娱乐新闻,甚至是关于旅行和烹饪的文章。大多数新闻网站使用九年级左右水平的标准英语,所以不是太难。关键是阅读自己感兴趣的话题,这样才会有阅读的动力。可以将感兴趣的文章复制并保存到Word文档中,之后多次大声朗读,也可以用自己的话总结每篇文章。

3.写英文日记

记录每天的想法和活动是提高英语水平的一种非常实用的方法。写日记就像和自己进行对话,可以描述自己的感受、天气、活动、朋友给你讲的有趣笑话、未来的梦想。也可以找一个隐蔽的地方大声朗读日记。

4.网上寻找外国伙伴

可以通过聊天软件和交友网站与世界各地的外国人结识和交谈。还可以访问"外籍人士"网站(大多数中国城市都有这些网站),认识一些外国人,他们与你有共同兴趣,并可能愿意帮助你学习英语,同时他们也能学习中文。要找到这样一个网站,可以在谷歌上搜索"expat+城市名称",比如"expat Shanghai"。

如果能将优异的英语能力与其他教育背景结合起来,那么相比于那些英文较差或者不懂英语的中国人来说,我们将会获得更多的就业机会和更高的薪水。

英语和职业生涯

英语作为一项技能,为国际人才市场上的求职者提供了机会,因此变得越来越重要。

英语能力与职业机会有直接关联。英语越好,在就业市场上的优势就越多,例如

- 更高的薪水;
- 更多的管理职位机会;
- 外企工作的机会;
- 出国旅游或学习的机会。

提高英语水平,从现在做起。一旦大学毕业,我们可能很少有学习和提高英语口语、阅读和写作技巧的机会了——我们会忙到没空学习英语!大多数中国人在大学毕业后英语水平下降很快,因为他们在工作上用不到英语,也没有时间练习。随着英语能力的丧失,他们在跨国企业工作的梦想也就破碎了。

在中国,其他重要的外语包括日语、德语和法语。特别在北京、上海、广州和深圳,很多公司都在寻找具备各种外语能力的工程师、IT(信息技术)专家、银行家和会计师。

(三)肢体语言的力量

非语言交际(通常称为肢体语言)在交流中也非常重要。很多研究证明，在交流过程中肢体语言远比口头语言强大。一个人要传达的信息实际上 50％是通过肢体语言传达的，另外 40％是通过语气传达的，只有 10％是通过语句内容传达的。[①]

肢体语言包括以下几个方面：

(1)面部表情，特别是眼睛和嘴；

(2)手势；

(3)姿势；

(4)说话的语气；

(5)倾听者和说话者之间的距离；

(6)身体运动(走路、敲打、摇晃等)；

(7)着装。

大多数人对于肢体语言如何代替口头语言有错误的认识。作为一名在中国生活和工作的外国人，在这方面我有很多经验——当我不知道怎么用中文表达时，就不得不使用肢体语言。我最常用的肢体语言是指向某种东西(如购物时)；另一个例子就是打手势——如果我想买一把梳子，我会做梳头发的动作，然后店主就知道我想要什么了。

(四)"不好意思"说话？

很多年轻人觉得主动与他人交流有困难，往往是因为他们"害羞"。但实际上，这是因为他们缺乏沟通技巧，并不是因为缺乏信心。在很多情况下，第一次与人见面时不一定非要通过说话开始交流；相反，可以通过肢体语言发送积极的信息从而开始对话：抬头站直，对人微笑，不要害怕目光接触，并站在想要与之交谈的人旁边(但感觉有点害羞)。如果通过肢体语言表达出想要交谈，那么对方为了不让你为难会主动开始会话。这是我从个人经历中体会到的。下面分享一个有关害羞的个人故事：

---

① 请参阅 *E－Coach* 的"面对面交流"，http://www.1000ventures.com/business_guide/crosscut-tings/communication_f2f.html。

微笑的力量

我刚上大学的时候是一个严肃又害羞的人。走在校园里,我总是低着头,从不主动交谈;就算有人跟我说话,我也不知道该说些什么,也很少笑。在校园里呆了几个月后,我开始觉得孤独,想知道为什么没有人和我交朋友,为什么没有人喜欢我。我觉得很沮丧,很快就认为是其他学生不够友善。有一天,我的室友注意到我心情不好,用友好和鼓励的声音对我说:"肯,你今天可以尝试一些不一样的东西,看看会发生什么。明天早上从宿舍到教室的路上,你试着抬起头,对那些从你身边经过的人微笑,然后看看会发生什么。"

第二天早上,我决定采纳室友的建议。去上课的路上,我抬起头,很放松,不像平常那样步伐匆忙。但是,"微笑"的部分对我来说很难:老实说,我的微笑有点勉强,并不是发自内心的微笑。尽管如此,一位年长的女老师走过我身边,给了我一个灿烂的笑容,她的眼中闪烁着一丝光芒,对我说:"早上好,年轻人!"她的举动让我感觉快乐、友好而又暖心。那一刻,我勉强的笑容变成了灿烂而明亮的笑容。接下来我知道,对下一个路过的人说了"嗨",他也表现得很友善。"哇,"我暗暗想到,"这里的人真的很友善!"

向别人微笑的小小举动带来了巨大的回报,并改变了我的人生:我后来加入了很多学生组织,成为一名学生领导,还结交了很多朋友!从那以后,我再也没有害羞过!

如果能掌握良好的沟通技巧(特别是肢体语言和听力),那么我们会在高效、成功的生活和工作之路上走得更远。

四、经历的重要性

经历是最好的老师。

每个人都有经历,但有些经历比其他的更有价值。假设一名学生在大学期间基本在寝室或图书馆学习,没有加入学生组织或参与社交生活,这是一种孤独的生活,也可能是一段孤独的经历。而另一名学生加入了几个组织,结交了很多美国朋友,并学会了如何平衡学习生活和健康的社交生活。哪个学生的大学经历更有价值?答案显而易见。

多数大学生通过加入一个或几个校园学生组织来获得经历。大多数大学都有几十个甚至多达 200 个学生组织,为学生参与活动并获得经历提供了多种机会。

对于在美国读大学的中国学生来说,加入学生组织往往难以想象。毕竟来美国是学习的,并要努力取得好成绩;此外学习负担重,使其不敢"浪费"时间工作或参加其他课外活动。

但是如果一个美国大学的中国毕业生试图在美国找工作,其经历将成为雇主重点考量的部分。因为经历丰富的人兼具成熟和自信,具有良好的人际交往和沟通技能并具备一些实用技能,这样可以减少培训和适应工作环境的时间和成本。换句话说,经历之所以重要,是因为它会培养雇主看重的性格和技能。例如,通过看书或上课无法学会如何团队协作、领导、沟通或策划——这些技能是从经历中学到的,是在组织中从与他人合作的实践中学到的。

经历的一个主要来源是学生组织。以下是美国大学校园的各种学生组织。[①]

学生学术活动组织的若干例子:

• 会计学会

• 语言俱乐部

• 艺术史俱乐部

• 公共关系学生社团

• 预备法学院社团

公民志愿活动的若干例子:

• 非洲行动

• 大学抗癌行动

• 狮子会学校分会

• K 圈国际高校联盟

• 政党俱乐部

• 学院或大学服务日

---

① 维基百科,学生组织,参见 https://en.wikipedia.org/wiki/Student_activities。

多样性组织的若干例子：

- 黑人学生会

- 亚太地区学生会

- 女权主义俱乐部

- 同直联盟

- 残疾人联盟

荣誉团体若干例子：

- 领导与成功国家协会

- 全国高校学者协会

- 国际社会学荣誉社团（Alpha Kappa Delta）

- 学位帽全国高校大四学生荣誉社团（Mortar Board National College Senior Honor Society）

休闲活动的若干例子：

- 无伴奏合唱团

- 即兴剧团

- 粉丝俱乐部

- 烹饪俱乐部

娱乐活动的若干例子：

- 舞蹈队

- 校内运动队

- 冲浪俱乐部

- 体育锦标赛

宗教或精神活动的若干例子：

- 宗教间理事会

- 基督徒运动员团契（Fellowship of Christian Athletes）

- 国际正义团

- 后期圣徒学生协会

作为一名学生，我们能在课堂内外学到很多利于塑造性格的有用技能：自律、自驱力、勤奋，甚至应对失败、竞争、与他人合作的能力。

在课堂上，如果参加过小组项目，我们就会拥有重要的经历。团队项目涉及团队合作、计划、组织、分配任务，甚至培养研究、写作和演讲技能。此外，口头表达有利于培养公共演讲能力、信心及其他沟通技能。我们如果已经参与一个研究项目，那么会慢慢培养高阶思维技能，比如形成假设、整合数据、评估及得出结论。学习和完成作业时，我们不仅获得了知识，同时也获得了很多工作所需的宝贵技能。

如今，大多数学校在课余时间都会提供各种机会来丰富学生的经历。可以加入学校的协会、俱乐部、运动队、艺术表演团体、社区志愿者协会以及参加各种比赛和竞赛。如果能充分利用这些机会，那么我们将培养一些重要的能力，如沟通、领导力、团队合作、帮助他人、解决冲突、分配任务、做出决策、规划组织方面等。这些重要技能很难在课堂上或从书本中学到，也很少正式"传授"。也许最重要的是，可以培养自信，扩大与不同人的朋友圈，提高社会意识——所有这些都将历练个人的品格并有助于个人发展。

为了让大学经历更加丰富和有价值，以下是一些小建议：

（1）不管自己、父母或教师给的压力有多大，不要把所有的时间花在学习上，只关心成绩。如果能参与一些感兴趣的娱乐活动，实际上成绩可能会更好（即使花在学习上的时间更少）。

（2）加入学校协会，这些协会能提供培养领导力和团队合作能力的机会，不要害怕担任责任重大的职位。

（3）加入特殊兴趣协会，以遇到兴趣相投之人并与他们交朋友。

（4）闲暇之余，参与喜欢的、能放松身心的，同时也有助于个人健康和发展的活动。

（一）兼职

中国学生在上学期间兼职并不常见。这是中国人和美国人之间最大的差异之一。

美国：孩子工作的沃土

美国一直有着浓厚的工作文化。在这里，每个人都相信自己开始工作的时间越早越好。为什么？因为工作表现出责任感、独立性和对他人的贡献。在美国，很多年轻人在上学期间积累了大量的工作经验。

当孩子还很小的时候，父母经常鼓励他们创业。很多孩子第一次开始自己的"生意"的常见方式是在炎热的夏日向路人销售柠檬水。然后，从 13～14 岁（进入中学时）开始，很多学生会做一些非正式的工作。例如，女孩通常会照顾邻居的孩子，男孩会帮助忙碌的上班家庭割草或洗车，或做一些其他家务。

十五六岁是一个特别重要的转折点，因为在这个时期，几乎所有美国孩子的生活中都会发生两件大事：首先，他们能够获得驾照；其次，大多数父母允许孩子约会。所以在这个年龄段，很多孩子（特别是男孩）会有很强烈的工作欲望，有了工作就可以攒钱买车；有了车，他们就可以有约会并带女朋友出去玩的自由。这也是美国劳动法允许年轻人开始从事正式工作的时间，每周长达 20 小时。很多 15～16 岁的孩子在快餐店、公园、游泳池、商场等地方工作。高中毕业时，他们通常已经从事各种兼职工作 2～3 年了。

进入大学后，这种模式通常会继续下去。大约 2/3 的美国大学生在大学期间工作。很多人在校园里工作，这是学校经济援助的一部分；其他人自己在校外找工作。

所有这一切都变得更容易，因为：首先，家长和教师鼓励年轻人开始工作；其次，有很多公司喜欢雇用兼职年轻员工来满足他们对员工的需求并节省开支（学生的薪水比年纪大的员工少）；最后，美国大学的时间安排更加灵活，学生可以选择课程和上课时间来适应他的工作时间。

在中国，家长、教师、学校管理人员都不鼓励学生做兼职工作，当然，高中时期准备高考的压力使得兼职工作几乎不可想象。尽管学生在美国读大学期间有更多的自由做兼职工作，但仍旧很难，因为课业重，兼职工作的机会也有限。但如今，越来越多的学生在寒暑假期间工作，有些甚至在开学后仍坚持工作。

如果能在大学毕业之前积累大量的工作经验，那么在中美两国（无论最终选择在哪里工作）的雇主眼中，你就会在绝大多数中国大学生中脱颖而出。出于多种原因，雇主看重已经走出校园并进入"真实"工作环境的人。首先，这表现出求职者平衡学校生活和工作需求的主动性和能力：在校期间兼职的人必须有良好的时间管理能力、旺盛的精力和平衡学生生活与工作责任的能力。

工作经历助你走得更远

我之前有个学生参加了一个招聘会，并被一家外贸公司面试，职位是销售代表。面试官对她说，"你没有很多经验。"她毫不迟疑地回答："其实，我在销售和客户关系方面有很多经验。"她接着描述了她做餐厅服务员的暑期工作经历。她告诉面试官，她培养了认真倾听顾客需求的能力、确保服务非常出色的能力、长时间工作后仍保持愉快的态度的能力。她很快发现她有很多回头客并且他们总是希望得到她的服务。餐厅经理对积极的客户反馈非常满意，所以让她在学校开学后的周末继续做这份兼职工作。

这是一个很好的例子——即使一个看似不重要的暑期工作也是一段宝贵的经历。请注意，她没有回应说："是的，我只是做了两个月的女服务员的工作。"相反，她强调了她使用的和锻炼的技能：客户关系、倾听、沟通、服务导向和积极的态度。这些都是很多公司重视的品质——包括贸易公司。外贸公司喜欢她的态度和回答，因此给了她这份工作。

一个人工作经历的价值不在于时间长短、公司大小或职位头衔高低，而在于培养出的技能、锻炼出的品格和从中获得的知识。换句话说，要强调经历的质量，而不是数量。所以，当大学毕业后与雇主谈论经历时，应该把重点放在自己使用并培养出的技能、承担的责任以及通过努力获得的成就上。

(二)志愿经历

有人抱怨如今的年轻人不愿意帮助他人，不够关心社会。他们认为，中国的独生子女政策和快速的现代化滋生了一种自私自恋的文化——年轻人只关心为自己和家人赚钱。我们不能有这种自私的态度，而可以通过奉献自己的时间、精力和技能做志愿服务，从而使自己与众不同。

志愿服务的精髓在于付出时间和精力帮助需要帮助的人或者改良社会。志愿意味着自愿付出，这种付出来自自己内心的关怀。如果你正在阅读这本书，并在考虑如何规划自己的职业生涯，那么你真的很幸运。中国（以及全世界）大多数人没有机会上大学或选择自己的工作或职业生涯：他们的生活选择非常有限。每天从饥寒交迫中醒来的人数不胜数；一些人饱受痛苦疾病的折磨，生活在病痛的阴影中；很多人出生就患有精神、情绪或肢体障碍；还有一些人很孤单,需要陪伴。还有很多社会和环境问题需要得到公民关注才能解决。成为志愿者,我们可以为他人、所在的社区和国家的舒适、健康和幸福奉献自己的一份力量。

志愿活动的例子包括:辅导小孩功课,帮助老年人购物或做家务,给幼儿园上艺术课,带孩子们在公园里种树,清理路边的垃圾,装扮宿舍,为自然灾害的受害者举办筹款活动。付出的时间和精力不在于多少,重要的是在这个过程中展现和培养一种关爱他人和乐于助人的态度。

然而,志愿服务不仅仅是给予,它对个人发展也很有帮助。我们不仅能够积累经验,丰富知识,有机会培养重要的技能,如沟通、教学、帮助他人、团队合作、组织、计划,以及时间管理,还能通过更加关心和帮助他人来锻炼品格。简而言之,志愿工作会产生"双赢"的结果,对社会、对自己都有好处。

实习和社会实践

实习是一项与专业相关的工作。学生通常在大学的最后一年或最后一个学期实习。有偿实习和无偿实习皆有可能。美国向本土学生和外国学生提供一个特殊的项目,叫专业实习(OPT)。专业实习可以保证外国留学生在毕业后的至少 6 个月时间里继续留下来,以获得与专业相关的实践经验。实习的目的在于通过相关的"现实世界"的实践经历来完善课堂学习。例如,如果你正在学习成为厨师,那么你必须在餐厅的厨房实习;会计专业学生则需在税务或审计公司实习;IT 专业学生可能会在网页设计公司实习。实习可以是有偿或无偿的,但其真正的价值不在于金钱,而在于从中获得的经验和人脉。很多学生实习后选择继续留在同一家公司或组织工作。

第六部分
出国留学后工作前的过渡阶段

第十一章

简历、求职信和面试

临近大学生涯结束，就必须开始计划下一步该做什么，可能是申请研究生学院攻读硕士学位，也有可能是攻读博士学位。本书中提到的大部分关于选择学校和写申请书的内容同样适用于申请研究生院。

但是，如果你的计划是从学习过渡到工作，那么本章将提供一些策略。现在拥有了国际学位和留学经验，那么最好的情况是自己利用大学时光得到了全面发展：不仅通过努力学习来增加书本智慧，而且通过参与大学的社交生活来培养街头智慧。之前投资了时间、精力和金钱，如今就是获得良好投资回报的时候了。

出去找工作前，有必要准备一些求职文件：简历、求职信和常见面试问题的答案。本章将提供一些概括性建议和示例。①

一、简历

概括性职业建议

在美国，有三大职业网站：Monster，Vault 和 Wetfeet、这三个网站内容相似，都针对一系列职场问题提供了有用的信息和建议，比如如何选择职业方向，不同职业的信息，如何撰写简历和应对面试，以及如何在工作和职场中取得成功。这些网站也面向全球发布上万条工作招聘信息。

Monster 网站是世界上最大的、为世界不同地区和国家提供独立网页的职业和工作网站。我们可以在上面找工作，浏览薪水信息、简历和面试建议以及很多关于职业发展的文章。

中国内地：http://www.monster.com.hk/destination_china.html

该网站将转至 ChinaHR（见下文）。

中国香港：http://www.monster.com.hk

---

① 为了获得关于如何计划和找工作的更全面的描述，请参考笔者著作：肯·詹逊.成功职业生涯的自我营销：如何在中国就业市场赢得竞争[M].厦门大学出版社，2009 年。

中国澳门：http://jobsearch.monster.com.hk/location/macau.html
www.jobs.com 是 Monster 旗下专门用于找工作的网站。

Monster 网址：www.monster.com

该网站是另一个全球性的工作和职业网站，它同时关注工作和教育，是一个寻找学校［包括工商管理硕士课程（MBA）和其他研究生院校］的好地方，与北美、欧洲、印度、中国、澳大利亚都有联系。其他内容与大多数职业网站类似，包括关于公司的信息，以及关于职业、简历、面试、求职策略的建议等。

Vault China：http://www.vault.com.cn/index.jsp

招聘信息是英文。目标人群是法律、金融和商业领域的中高级中外专业人士和高级管理人员。工作机会主要集中在北京、上海、深圳、广州和香港这五大城市。

Wetfeet：www.wetfeet.com

该网站发布了一系列提供针对性信息的"内部指南"，例如"金融服务领域的工作"、"如何开始创业"和"如何凭借国际 MBA 找到工作"，这些信息是收费的。该网站与 Monster 和 Vault 的区别在于，这里的建议和文章更加随意、幽默，适合那些不循规蹈矩、充满创意、个性独立、想要另辟蹊径的求职者。甚至还有一个"绿色"职业的链接，即关注环境和社会的工作。

《华尔街日报》（美国）为与商业相关的职业提供职业建议和工作信息，并针对网络、简历、面试和开启职业生涯提供建议。目标人群仅限于美国的高级管理人员和专业人士。

（1）简历（英文和中文）。简历应清楚地展现个人最佳素质，能将自己与其他求职者区分开来。

（2）申请书（也称为求职信）。这些信件必须表明自己非常适合所申请的工作岗位和公司，必须好好撰写以激发公司兴趣并能说服他们给面试的机会。

（3）面试。学习如何恰如其分地回答问题，了解要问的问题，培养为自己争取利益的自信（薪水、工作条件、工作职责）是自我推销的另一个重要方面。

（4）着装得体。仪态容貌、行为举止与说话方式要与找的工作的职业特性相匹配。

简历就是个人广告,这是向潜在雇主传达个人价值的重要方式。需要仔细地设计简历,以给人良好的第一印象。简历有四个主要目的:

(1)得到面试机会。

(2)总结自己最重要的资质(教育、经历、技能和性格)。

(3)将与普通的申请人区分开来。

(4)固定求职范围。

(一)准备英文简历和中文简历的必要性

很多人希望在外企工作,或希望出国留学,或以某种方式利用他们的英语技能来增加自己的工作机会。但令人惊讶的是,这些人中很少有人写过英文简历。他们只是提交中文简历和求职信,然后希望面试不需要讲太多英文。当然,用这种方式去申请一份需要英语的工作多半是不可行的。

很多看重英语能力的公司需要英文简历(并用英文面试)。如果没准备英文简历,将无法申请这些工作。另外,如果要在国外学习或工作,也需要英文简历。然而,一些中文简历质量不高,加之翻译得不好,因此大多数英文简历质量不高。如果能学会写出一份好的英文(和中文)简历,那么我们会更容易从目标公司收到的众多糟糕的简历中脱颖而出。

因此,为了最大限度地挖掘在中国就业市场的机会,我们要学会撰写高质量的中英文简历。

(二)中文简历和英文简历的差别

由于中国与西方国家的文化差异,传统的中文简历与英文简历不尽相同。以下信息通常出现在中文简历中,但并不符合西式简历的风格:

(1)出生地;

(2)性别;

(3)婚姻状况;

(4)健康状况;

(5)身高/体重/长相;

(6)政治面貌;

(7)年龄;

(8)照片(有时会出现在欧洲简历上);

(9)居民身份证(户口)。

传统的中文简历并不是推销自己的有效方式。如果简历和其他人一样,没有详细说明自身技能和优势,这就很难将自己与其他求职者区别开来。当今就业市场竞争激烈,我们需要的是这样一份简历:文体上有吸引力,同时内容上能够有效展示你是谁以及你拥有什么能力。

起一个英文名字

如果你还没有英文名字,那就起一个。为什么?主要有两个原因:①英文名字表示出你很重视英语,并希望拥有西方人的性格;②更方便外国人发音和记忆。如果已经有英文名字了,请确保它是传统的英文名字。请勿使用动物名称(例如,Snake,Big Bear)、颜色(例如 Red、Green、White、Violet)、自然景物(例如 Star、Rain、Wind、River、Air)、食物(例如 Candy、Chocolate)、漫画(例如 Popeye)、视频或电脑游戏角色(例如 Optimus Prime)或名人(例如 Michael Jordan)。想了解传统的和流行的英文名字列表,请访问网站 http://www.20000-names.com/。

无论选择撰写什么类型的简历,有如下一些基本元素:

(1)个人信息。这部分出现在简历的最上方,包含基本联系信息:姓名(中文拼音和英文)、邮寄地址、电子邮箱和电话号码。

(2)工作目标。这部分是简历的重点,说明想申请的职业或工作岗位类型,以及自己拥有的重要素质。

(3)资质总结。这是一个关键词或短语列表,突出自己优秀的资质:经历、技能、教育和性格。

(4)教育。这部分概述接受的正规教育,应包括读的学校名称、毕业日期和取得的学位。对于刚毕业的学生来说,列出与工作目标有关的主要课程,获得的证书、荣誉和奖励以及所受培训也是十分有用的。可以利用自我评估并参考后文的简历范文撰写简历。

(5)经历。如果按照时间顺序撰写简历(参见示例),那么要按照逆向时间顺序列出经历——从目前的工作或最近的工作开始,然后回到第一份工作。

刚毕业的学生可以写工作(兼职、假期或全职)、志愿或社区工作和学校协会活动。可以利用自我评估撰写这一部分。使用行为动词(见下文)来描述工作或每一经历中的工作细节,这是很重要的。

(6)技能。在这一部分要使用关键词和短语(见下文)来描述软技能和硬技能。从自我评估中选择最擅长的技能来撰写这一部分。

(7)兴趣/爱好。这部分是可有可无的,但很多公司喜欢这部分,因为它列明了你的性格和兴趣。只需列出能展现自身良好品格并被广泛认为是"正常的"兴趣和爱好。例如,如果你正在计算机或 IT 行业寻找工作,在简历上说"喜欢玩网络游戏"也许是可以的,但这可能并不合适大多数其他工作,因为很多人认为网络游戏容易让人上瘾,还浪费时间和精力。如果想成为商人或零售商的营销顾问,说"我喜欢购物"可能没问题,但这可能并不合适大多数其他工作,因为他们可能会认为你会花钱无度。尽量选择能够展现身心健康的兴趣和爱好。

(8)参考资料。这部分是一些人(例如教师和前雇主)的姓名和电话号码,他们为你写推荐信或证明你简历中的信息真实可靠,并且证明你的品行端正。由于很多西方国家注重对隐私的保护,因此可以写下"如有需要,可以提供"之类的文字而不列出具体的姓名和联系方式。请记住,在没有事先获得明确允许的情况下,千万不要在简历上留下他人的姓名和电话号码。

(三)怎样的简历是好简历

为了撰写一份有吸引力且独一无二的简历来展示自身的特质,这里有一些撰写简历的小提示:

TIP 使用行为动词和关键词

TIP 长度为 1～2 页

TIP 看起来有吸引力(美观一些)

TIP 单词和白色部分(空白部分)之间保持匀称

TIP 内容清晰，突出重点

TIP 保证语法、拼写及标点符号使用正确

1.在简历中使用行为动词和关键词

行为动词是用来描述责任和成就的动词。好的行为动词能传达公司所重视的技能的信息。行为动词也能让简历"生动"起来，并且可以有效地表明你是怎样的人，以及你能胜任什么职位。表 11-1 列出了简历中可用的行为动词。

示例：如何在简历中使用行为动词

看一下后面英文简历模板的"经历"部分。注意，描述每个工作细节的第一个词都是用来描述技能的行为动词。在初次经历下方（志愿者，温州绿十字），会看到每个句子的第一个单词都是行为动词："领导"、"沟通"、"合作"、"创造"、"激发"、"调查"、"创新"和"分析"。使用这些词汇会使经历更有价值，因为这些词汇给人一种感觉，即求职者是一个实干者（注重行动），并且清楚地传达了公司所需的很多有价值的技能。这份经历可能只是短短 10 天的志愿工作，但这并不重要，它的价值在于她在此过程中培养和运用的技能，而这些技能可以应用到任何公司的工作场所中。这种技能被称为"可迁移技能"，意思是可以迁移到多种环境中的技能。这类词语使用得越多，展示的技能就越多，并且对于阅读你简历的公司来说，你将越有价值。

表 11-1 描述经历的行为动词

实现	获得	适应	管理	建议	主张	分配	分析
评估	安排	收集	评估	帮助	审计	扩大	创作
权衡	缩写	拓展	建立	担任	核对	阐明	合作
结合	交流	竞争	完成	编译	组合	计算	构思
总结	引导	组建	商议	贡献	协调	商讨	制作

续表

创造	减少	明确	发表	演示	设计	决策	培养
指挥	发现	记录	起草	编辑	教育	建立	评价
超过	执行	扩大	加快	帮助	资助	预知	形成
培养	建立	产生	管理	任职	鉴别	实施	提高
提高	影响	发起	任命	整合	交流	诠释	接见
提出	发明	调查	发起	带头	维护	管理	营销
协调	指导	缓和	监测	激发	谈判	操作	组织
监督	执行	计划	准备	创作	计划	提升	提出
提供	宣传	发表	购买	从事	招募	代表	研究
解决	调整	回顾	修改	改写	安排	保护	选择
服务	建立	销售	带头	赞助	雇佣	开始	组建
管理	超过	调查	教授	测试	训练	改变	辅导
更新	提升	利用	撰写	获得	—	—	—

表 11-1 对应的英文词汇见表 11-2。

表 11-2　描述经历的行为动词（英文版）

achieved	acquired	adapted	administered	advised	advocated	allocated	analyzed
appraised	arranged	assembled	assessed	assisted	audited	augmented	authored
balanced	briefed	broadened	built	chaired	checked	clarified	collaborated
combined	communicated	competed	completed	compiled	composed	computed	conceived
concluded	conducted	constructed	consulted	contributed	coordinated	counseled	crafted
created	decreased	defined	delivered	demonstrated	designed	determined	developed
directed	discovered	documented	drafted	edited	educated	established	evaluated
exceeded	executed	expanded	expedited	facilitated	financed	foresaw	formed
fostered	founded	generated	governed	hired	identified	implemented	improved
increased	influenced	initiated	installed	integrated	interacted	interpreted	interviewed
introduced	invented	investigated	launched	led	maintained	managed	marketed
mediated	mentored	moderated	monitored	motivated	negotiated	operated	organized

续表

oversaw	performed	planned	prepared	produced	programmed	promoted	proposed
provided	publicized	published	purchased	pursued	recruited	represented	researched
resolved	restructured	reviewed	revised	rewrote	scheduled	secured	selected
served	set up	sold	spearheaded	sponsored	staffed	started	structured
supervised	surpassed	surveyed	taught	tested	trained	transformed	tutored
updated	upgraded	utilized	wrote	won	—	—	—

关键词常见于招聘广告中，尤其是在职位描述和工作要求部分，这部分会描述雇主要什么技能、态度和性格品质（见表 11-3）。

表 11-3　描述自己的关键词

工作抗压能力	爱交际的	流利的	双语的	仔细的
熟练的	积极的	自信的	耐心的	有同情心的
有团队精神	适合团队协作	领导者	仔细的	负责任的
善于解决问题	独立的	口才好	沉着冷静	有抱负的
乐观的	有创造性	热情	有活力的	喜欢挑战
擅长公共演讲	善于交流的	工作努力	做事主动	良好职业操守
注重细节	灵活的	适应力强	有条理的	积极主动的
善于倾听	忠诚的	细致的	果断的	领悟能力强
注重结果	专业的	友好的	值得信赖的	主动的
博学多才的	诚实的	勤奋的	积极的	坚持不懈的
善于服务顾客	机智的	准时的	热情的	真诚的
团队领导	热情的	有决策力的	善于分析的	认真的
学习速度快	乐于成长	经验丰富的	有活力的	外向的
人际交往能力强	细心的	有效率的	有竞争力的	善于合作的

表 11-3 对应的英文词汇见表 11-4。

表 11-4　描述自己的关键词（英文版）

work well under pressure	outgoing	fluent	bilingual	meticulous
proficient	motivated	confident	patient	caring
team-spirited	team-worker	leader	careful	responsible
good at problem-solving	independent	articulate	calm	ambitious

续表

optimistic	creative	enthusiastic	energetic	enjoy challenges
good at public speaking	communicative	hard-working	self-starter	strong work ethic
detail-oriented	flexible	adaptable	organized	proactive
skilled listener	loyal	dedicated	assertive	perceptive
result-oriented	professional	friendly	trustworthy	initiative
knowledgeable	honest	diligent	positive	persistent
customer-service oriented	tactful	punctual	passionate	sincere
team leader	eager	decisive	analytical	conscientious
fast learner	willing to grow	experienced	dynamic	extraverted
excellent people skills	scrupulous	efficient	competitive	cooperative

2.关键词对网上申请工作的重要性

如今,上亿人使用互联网申请工作。很多公司来的每份工作相应会收到数百甚至数千份工作申请;而且很多公司使用计算机软件预筛或预选简历,以供人力资源经理稍后阅读。因此,关键词和行为动词对于网上工作申请尤其重要。如果简历中没有与招聘广告相匹配的关键字眼,那么简历极有可能被筛掉。

看看下列招聘广告:

××公司—规划分析部—金融分析师

主要职责:

1.管理会计:分析和预测收入、费用、资产负债表和现金流量表;

2.分析投资回报;

3.协助管理委员会和业务单位制订业务计划;

4.监控业务运营并报告相关市场和公司数据;

5.业务分析、报告发现的问题并提出适当的建议;

6.通过分析特殊状况协助财团负责人。

工作地点:北京

—初级职位,招收 2020 年毕业的会计或金融专业本科生

—学习成绩优异

—熟练掌握英语和普通话

—对金融服务行业充满热情

此处,关键词是"金融分析师"(即职位名称)"初级""会计或金融""英语""对金融服务行业充满热情"。

现在将这些关键字与简历模板进行比较,简历模板求职意向中"金融分析师"字样与招聘广告完美匹配。如果职位目标写的是"为了获得管理者的职位……",你认为这份简历还会被选中吗？很显然,智能筛选系统会删除该简历,或者看的人会认为"这个人申请了错误的岗位"。如果继续比较招聘广告和简历例子,我们会发现招聘广告中的所有关键字都出现在简历中。因此,无论对于电脑还是招聘人员来说,这份简历似乎都很适合这个职位,求职者很可能会被邀请参加面试。

TIP 确保简历中关键词如招聘广告中所列,符合公司要求。

简历模板中有很多与金融分析师职位相关的其他常用关键词,例如描述技能的词语("分析能力""双语沟通技巧""关于投资银行的丰富知识")。再看简历的"资质总结"部分,其中包含很多与金融分析师工作要求有关的关键词:"管理和金融背景""分析和解决问题的能力""学习能力强""较强的时间管理能力"等等。

有了这些关键词,筛选简历的程序或阅读简历的人会发现简历中的很多技能和能力与招聘广告相匹配。这正是你想要的:表明你是这一职位的合适人选。

中文简历模板

陈晓敏(Sherry)

温州大学国际系

chenx76325@gmail.com

(086)12345678910

求职意向

获得金融分析师的职位,以便充分利用本人优秀的分析能力、双语沟通技巧和关于投资银行的丰富知识。

资质总结

◇管理学硕士,库克大学-中国项目(温州)

◇美国俄亥俄州大学金融学硕士

◇较强的管理和金融背景

◇精通 FoxPro 数据库、MS-Office、MS-Access、MS-Excel

◇精通英语,雅思 7.0

◇初级德语水平

◇优秀的分析和解决问题的能力

◇积极主动、学习能力强、较强的时间管理能力

教育

◇美国俄亥俄州哥伦布市俄亥俄大学金融学硕士,2007 年毕业

专业实习,西蒙证券(2005—2006 年),美国纽约市

▶学习如何撰写财务报告

▶分析电脑生产公司的资产持有量

◇温州大学,库克大学-中国项目,管理学硕士,2005 年毕业

相关课程:银行、管理会计、国际管理、经济学、管理金融、商业沟通、战略规划、领导力。同时具备投资银行业务资格,如公司兼并与收购、项目融资、财务报告与分析、公司上市、资产证券化,了解相关法律。

获奖情况

◇学习成绩优异

◇海外大学奖学金,2004 年春季

◇海外大学奖学金,2005 年春季

培训

美国 BECSC(中国项目),业务质量培训,2004/10—2005/02

项目管理和实践培训,由自然之友(中国)主办,2005.11

经历

2006/07—2007/07 外汇顾问,上海黄金家族投资有限公司温州分行

▶分析全球汇率波动

▶创建自己的客户群,并帮助他们管理账户

▶进行日常技术分析

▶熟悉全球市场趋势和经济状况

▶学会与财务管理部门合作

2005/08/15—08/25 浙江温州绿十字志愿者

▶领导和协调 7 人小组

▶与各种人群沟通

▶协作解决团队成员之间因人际冲突而产生的问题

▶创造协同效应并做决策

▶激励团队成员

▶调查研究环境保护问题

▶为机构制订商业计划

▶分析项目并为这些项目提供资金

2005/04/09—05/01 温州大学管理模拟部首席执行官

▶创建和管理虚拟管理部门

▶根据团队成员的特点进行任务分配

▶管理冲突和解决问题

▶招募新成员

▶监督团队

▶听取下属意见

▶培养团建和决策技能

个人信息

◇通过业务质量培训培养了业务意识

◇对金融和银行业充满热情

◇优秀的分析能力和良好的数学素养

◇独立,并能够在高压和动态环境下工作

◇通过出国留学培养了文化意识,能够与不同文化背景的人合作

英文简历模板

Xiaomin Chen（Sherry）

International Department，Wenzhou University

chenx76325gmail.com

(086)12345678910

JOB OBJECTIVE

Obtain position as financial analyst in order to take good advantage of my excellent analytical ability，bilingual communication skills，and intensive knowledge of investment banking.

SUMMARY OF QUALIFICATIONS

◇ B.S.M，Keuka－China College Program（Wenzhou）

◇ M.A.，Finance，University of Ohio，USA

◇ Strong Management and Finance background

◇ Proficient FoxPro Database，MS－Office，MS－Access，MS－Excel

◇ Excellent English，IELTS 7.0

◇ Basic German

◇ Excellent Analytical and Problem－solving skills

◇ Highly Motivated，Fast－Learner，Efficient Time Management

EDUCATION

M.A.，Finance，University of Ohio，Columbus，Ohio，USA
Graduated 2007

Optional Practical Training，Simon Securities，（2005 － 2006），New York City，USA
  ● Learned how to write financial reports
  ● Analyzed computer-generated company asset holdings

B.S.M.，Management，Wenzhou University，Keuka College China Program，

Wenzhou，graduated 2005

Relevant courses：banking，managerial accounting，international management，economics，managerial finance，business communication，strategic planning，leadership.

◆ **Also qualified myself in investment banking，such as Company Mergers & Acquisitions，project financing，financial reports & analyses，company listings，securitization of non-performing assets and relevant laws**

Awards：

◇ Excellent academic achievement

◇ Scholarship，Overseas College，Spring 2004

◇ Scholarship，Overseas College，Spring 2005

TRAINING

BECSC，USA，（China program），**Business Quality Training**，2004.10 — 2005.2

Project management and practice training，by "Friends of Nature，China"，2005.11

EXPERIENCE

2006，07 — 2007，07 Foreign Exchange Consultant，Shanghai Gold Family Investment Limited，Wenzhou Branch

➤ Analyzed global foreign exchange fluctuations

➤ Created my own client base and helped them operate accounts

➤ Did daily technical analysis

➤ Became familiar with global market trends and economic conditions

➤ Learned to cooperate with financial manageme

2005，8/15—8/25Volunteer，Wenzhou Green Cross，Wenzhou，Zhejiang.

➤ Lead and coordinated 7—member team

➤ Communicated with diverse range of people

➤ Collaborated to solve problems that arose from interpersonal conflicts among team members

➤ Created synergies and got to make decisions

➢ Motivated my team members

➢ Investigated and researched the environment protection issues

➢ Innovated in this institution and created a commercial plan for this institution

➢ Analyzed projects and financed for those projects

2005，04/9－05/1 CEO，Management Simulation，Wenzhou University

➢ Created and managed a virtual

➢ Allocated tasks to my team members in light of their character

➢ Conflict management and problem－solving

➢ Recruited new members

➢ Supervised my team

➢ Listened to my subordinates' views

➢ Developed team-building and decision-making skills

PERSONAL INFORMATION

◇ Developedbusiness sense through a "business quality" training.

◇ Strongpassion for this finance and banking industry

◇ Excellentanalysis ability and good at mathematics

◇ Independent and able to work under a high-pressure，dynamic environment.

◇ Developedcultural awareness from study abroad and able to cooperate with people from different culture

二、求职信

　　求职信的目的是向公司介绍自己。与可以向很多公司和职位投递的简历不同,求职信通常是为了申请某特定招聘职位。每封求职信都应该寄给特定的人和公司,并且应该提及工作职位和相应的广告。求职信的长度应该约一页纸,不要有语法、拼写或文体错误——总之,求职信必须完美。有两种类型的求职信:传统信件和 T 信件。

　　传统信件以段落形式撰写,并由以下几个部分构成:

（1）标题：姓名和地址；

公司名称和地址（如果有人名的话，可以提供姓名）。

（2）称呼：如果知道对方名字，用"尊敬的××先生"或"尊敬的××女士"

如果不知道名字，请使用"敬启者"或"尊敬的先生或女士"。

（3）说明有意愿申请何种职位，以及对该职位的了解。这句话可以这样开头："我有兴趣申请在××广告上的××职位。我相信我具备所需的资质，是该岗位的合适人选。

（4）描述相关经历、技能和其他资质。要提及与招聘广告要求密切相关的内容。

（5）陈述为什么认为自己是该职位的理想人选，以及如何为公司的发展和成功做出贡献，表达要有说服力。

（6）再次表示对工作的强烈兴趣，并建议有面试或面谈的机会。

以下是与上述广告对应的传统的求职信示例：

陈晓敏（Sherry）

温州大学 123 号信箱，福建厦门，邮编 361021，中国

chenx736@gmail.com

（086）12345678910

尊敬的经理：

　　我是来应聘招聘广告中金融分析师职位的，随信附上简历副本供您参考。我已完成大学课程，可以马上就业。我拥有俄亥俄大学的金融硕士学位和美国大学的企业管理学位（B.S.M.），曾在库克大学的中国合作伙伴处学习。所有课程均由美国教授根据美国课程和标准授课。我已经掌握了扎实的业务知识，包括会计和金融方面的知识。此外，在股票市场、证券交易及金融市场的其他方面我进行了大量的自学和研究。

　　我曾在纽约西蒙证券兼职担任资产评估师。此前，我担任上海黄金家族投资有限公司的外汇交易员。这些职位需要大量独立的研究和分析。这些经历还锻炼了我的财务、数学和统计技能，尤其培养了我良好的技术分析能力。

　　目前，我在加拿大投资公司担任兼职翻译，负责为客户翻译技术、财务和法律文件。为了进一步丰富我的商业经历，我参加了质量培训计划。

您会发现我工作细致入微,并且无论是独立工作还是作为团队一员,我都擅长管理项目。我能够在高压、快节奏的动态环境下工作得很出色,并且能够与具有不同文化背景的人交流合作。我认为,所有这些品质都表明我有很大潜力为贵公司的成功做出贡献。

期待您的回复。如果您需要任何更多关于我的详细信息,请与我联系。

此致

陈小敏(Sherry)

三、求职面试

得到面试机会并不等于得到工作。一家公司通常会在一天内为一个职位面试3～5人。所以必须记住:虽然公司要你前去面试,但这个岗位的竞争还未结束。事实上,要充分准备好自我营销技巧,准备好成功"推销"自己。"推销"自己意味着向雇主传达一种深刻且积极的印象,并通过言谈举止向雇主清楚地展示你符合其公司的要求。

求职面试应该被视为一个过程,而不是一次性事件。尽管大多数人认为求职面试是求职者和雇主面对面的谈话,但其实面试不只是面对面谈话那样简单。面试过程分为三个阶段:准备阶段、面试阶段和跟进阶段。

1.准备面试

这是面试过程中最重要的部分,但大多数人都准备不周。为了准备面试,应该做以下事情:

熟悉自己的简历,并能够详细说明相关经历、技能和能力。

练习回答最常见的面试问题。

研究并熟悉面试公司。

确保熟悉工作要求和责任。

准备一些想询问面试官的问题。

带上以下材料,将其有序放入皮质文件夹或公文包中:

- 简历(英文和中文)
- 求职信(英文和中文)
- 学历证明
- 资格证书
- 推荐信
- 身份证
- 招聘广告副本

了解公司办公室的位置和电话号码,提前 15 分钟到达。如果可能迟到,记得打电话告知公司。

面试前一定要着装得体。你可能听过以下流行的说法:

- "你永远不会有第二次机会给人留下第一印象。"
- "第一印象是持久印象。"
- "形象就是一切。"

事实上,很多求职者面试时着装失败,自己却不知道。看到参加招聘会和面试的人穿着牛仔裤、T 恤和运动鞋,我很惊讶。在很多招聘会上,我注意到几百人中只有几十人着装得体。着装得体意味着要根据应聘的职位的专业标准着装。如果申请的是办公室或商业环境中的工作,那就要穿得像在办公室工作的人一样;如果申请的是经理一职,必须穿得像经理一样。得体穿着能够展现成熟和权威。如果参加面试时穿得像学生一样,那么面试官会把你当学生一样对待,即视为一个缺乏经验、年轻和不成熟的人。

男士小贴士

穿深色西服和夹克,配白色衬衫和领带(不要有太明显的图案)。

戴手表(表明你在乎时间)。

确保衣服没有污垢和褶皱。

头发洗干净,梳理好。

刮好胡子,修剪好指甲。

擦亮鞋子。

不要喷太多香水。

携带皮质公文包或文件夹。

女士小贴士

穿裙装或裤装,配正装。穿白色或浅色衬衫。不要穿带有漂亮图案、颜色非常鲜艳的衬衫。

不要戴过多饰品。如果想戴耳环、手镯等,选择小巧而简约的风格。

不要穿性感的衣服。

穿裙子时要配丝袜或连裤袜。

个子矮需要穿高跟鞋,但不要穿过高的高跟鞋。

不要浓妆艳抹或喷太多香水。

不要带大的钱包或手提包。将面试材料装进专业文件夹中。

不要穿或戴:

- 牛仔裤

- 太阳镜或鸭舌帽/草帽

- 运动鞋或运动服

- 短袜、白色袜子(袜子的颜色应该与裤子的颜色相配)

- 短裙

- 过多的香水

- 过多的首饰

- 褶皱的套装或西服

- 脏鞋

2.面试中

面试应该是双向的对话。公司希望了解更多关于你的信息,你也应该准备好提问,从而更加了解这个职位和这家公司。面试的种类很多,但总的来说,无论何时与所应聘公司的人谈话,无论和谁谈话,无论谈话多么简短、多么不正式,都应将其视为一次面试。

TIP 和公司中任何人打交道都是面试的一部分!

整个面试中最重要的部分是第一印象。大约80%的面试官在面试的第一分钟内对你形成整体的判断。你的身体语言(包括你的着装)是别人了解你的第一步。确保用肢体语言传递出自信且积极的信息。正如前面所说,肢体语言比口头语言传递出的信息更加有力。

给面试官留下良好印象的技巧:

TIP 问候面试官时,握手要有力并且直视他/她的双眼。

TIP 控制紧张情绪。

TIP 用礼貌且正式的方式称呼面试官。

TIP 态度积极——不要讲任何有关自己或他人的消极信息。

TIP 思想开放、灵活应对。

诚实——不要撒谎或夸大资质、经历或背景。

谦虚,但不要过分谦虚——记住你在试图"推销"自己。

仔细倾听!

直接、简要地回答问题。

保持微笑,行动自然——不要过分严肃。

第十二章

找工作：美国和中国

本章介绍大学毕业后如何在美国求职,以及如何回中国竞争上岗。这两种情况下,大学毕业 4~5 年内获得工作经验对于职业生涯非常宝贵,而且可以随时决定继续攻读研究生。

一、在美国工作[①]

从大学到工作的过渡一般遵循以下步骤:①大学毕业前申请专业实习(OPT),这样毕业后你就可以在美国工作;②有了专业实习,就可以在美国任何地方工作 12~36 个月不等,视不同专业而定;②在 OPT 即将结束时,申请 H-1B 工作签证。

如果是在美留学生,就有机会做兼职工作,但要注意签证期限的制约。必须了解与签证相关的全部要求和限制。

大多数美国国际学生持有 F-1 签证,也就是美国的非移民学生签证。持有 F-1 签证的学生可以在美国工作,但只能在特定条件下工作,且要遵守美国公民和移民服务局(USCIS)制定的系列准则和限制。

一般来说,所有的工作都要根据 F-1 签证的条款和限制而定。作为美国的 F-1 学生,在美国期间有多种就业机会。校内职位是最容易获得的,以下还有四类校外职业:

1.专业实习(OPT)[②]

在美国持有有效 F-1 签证的国际学生可以在完成学位期间或之后在校外进行专业实习。USCIS 制定的条款限定专业实习,所有专业实习的工作都需要 USCIS 和学校国际学生办公室的事先批准。

要在大学毕业前 3~4 个月申请专业实习。申请专业实习的第一步是从

---

① 国际学生,在美国工作 http://www.internationalstudent.com/study_usa/way-of-life/working-in-the-usa/。

② 维基百科,专业实习,参见 https://en.wikipedia.org/wiki/Optional_Practical_Training。

USCIS 拿到工作许可证（EAD），不需要先找到工作再申请工作许可证，且可以在美国的任何地方进行专业实习。记住要早一点开始行动——USCIS 需要 90 天的时间来处理申请——同时确保与学校的国际学生办公室保持联络。批准的前提是要保持合法的 F-1 身份，国际学生办公室将会帮助你在这期间保持 F-1 身份。

专业实习的一般要求有：

（1）就业必须与学生的专业直接相关。

（2）学生必须保持合法的 F-1 身份。

（3）学生必须在完成所有学位课程之前申请专业实习。

（4）参加 12 个月或以上全日制课程实习训练（CPT）的学生不具备专业实习资格。

（5）专业实习允许全职工作长达 12 个月。兼职专业实习（在校期间）相当于全职专业实习一半的工作量（例如，如果兼职工作时间为 6 个月，则可以全职工作长达 9 个月）。

学生每获得一个连续的学位都会有 12 个月的专业实习期。例如，在获得本科学位后，可以做 12 个月的专业实习；然后继续读研究生，在获得研究生学位后再做 12 个月的专业实习。对于学业完成前实习和学业完成后实习各有不同的规定。

（1）学业完成前的专业实习

①学生必须参加全日制学校课程。

②学生上学期间每周只能工作 20 小时。

③学生可以在夏季和其他休息时段全职工作（只要学生在休息后返回学校）。

④如果仍需要撰写毕业论文，并且学生的学业正在按照常规进度进行，在所有课程结束后，学生可以做全职工作。

（2）学业完成后的专业实习

①学业完成后，专业实习工作必须全日制（每周 40 小时）。

②所有专业实习必须在学业完成后的 14 个月内完成。

③在学业完成课程之前，移民局必须收到学业完成后的专业实习申请。

专业实习的正常时限为 12 个月。然而 STEM（科学、技术、工程和数学）专业的学生可以申请在 12 个月的专业实习的基础上再延长 24 个月，这样他们的专业实习就有 36 个月。

2008 年 4 月，美国国土安全部更新了对攻读某些学位课程学生的专业实习要求，以便专业实习可以延长 17 个月，总共长达 29 个月。这是为了帮助那些完成了专业实习但由于 H-1B 签证时限和签证上限而无法申请 H-1B 签证的学生。学生现在可以延长他们的专业实习时间，这样就仍然有机会申请 H-1B 签证。

专业实习计划的特殊延长期仅适用于已加入 E-Verify 计划的公司雇员，并且必须从事以下职业之一：

①精算学（会计、金融）

②计算机科学与应用（编程、软件或硬件开发）

③工程技术

④生命科学（生物学、医学、物理治疗）

⑤数学

⑥军事技术

⑦物理科学（物理、化学）

要注意专业实习期间 F-1 学生的旅行规定。如果完成学业后没有工作许可证和工作就离开美国，那么可能无法再回来。如果获得了工作许可证并且找到了工作，那你可以在完成学位后离开美国，但是要确保带好回来时所需的一切证件（包括有效的护照、有效的工作许可证、有效的 F-1 签证、全部 I-20s，并附上过去 6 个月内国际学生顾问的旅行批准，以及聘书，包括聘用日期和薪资）。

只要持有有效的学生签证（F-1），就可以参加专业实习计划。但如果专业实习快要结束并且 F-1 签证即将到期，那要想继续留在美国工作，必须计划申请不同的签证身份。最常见的转换是从 F-1 学生签证转到 H-1B 工作签证。

很多留学生毕业后的目标是留在美国，以获得与学位相关的工作经验。H-1B 签证计划旨在帮助 F-1 学生实现这一目标。美国移民局甚至为国际学生引入了单独的 H-1B 名额（H-1B 签证分配）。通过获得 H-1B 担保公司的合适 H-1B 担保职位，F-1 学生可以直接从 F-1 转为 H-1B 身份。然而，很多学生选择（或发现自己需要）专业实习签证计划作为获得 H-1B 签证身份的一种过渡性措施。

H-1B 签证适用于暂时受雇的专业技术型外国人。H-1B 职位经常由高等院校提供，但也可以由雇主向特定行业持有至少四年制学位的人员提供。

初始 H-1B 身份最长期限为 3 年，但可以延长至 6 年。无论外国人士在这段时间内受雇于多少个雇主，这六年的最高限额仍然有效。H-1B 签证持有人也可兼职。一旦 H-1B 签证获得批准，该人员只能从事 H-1B 申请中所述的职位。如果该人员希望更换雇主，新雇主必须提交新的申请书。新雇主提交申请并随后收到 USCIS 的正式许可后，该人员可开始为新雇主工作。由于 H-1B 身份是以就业为基础的，所以一旦就业终止，这一身份将立即结束。如果外国人更换雇主，新雇主必须在聘用期结束之前提交新的申请，并且 USCIS 必须收到新申请。如果外国人在终止前无法获得工作，则他必须返回其原籍国。雇主只要愿意帮助学生获得 H-1B 签证，便可提交申请。USCIS 提供加急处理服务，即 H-1B 优先处理，USCIS 保证在收到申请后的 15 个工作日内审查提交的申请。除了 1 130 美元的高额申请费之外，还需要为优先处理额外支付 1 000 美元。但支付这笔费用对申请人是有利的，如果不走优先处理程序，申请的受理过程可能需要 6 个月到 3 年的时间。

如果是初次申请，H-1B 申请可以在上岗前 6 个月提交。H-1B 的延期申请应在最初 H-1B 签证到期前 6 个月内提交，因为这个过程可能需要 4～6 个月的时间。

对于持有 F-1 签证的毕业生来说，获得外国人 H-1B 资格并不困难。

有些领域的雇主不受上限限制。这些雇主包括美国的高等教育机构、大学附属的非营利实体、非营利或政府研究机构。因此，在这些组织中寻找 H-1B 签证保证人的机会更大。

受 H-1B 限制的雇主可以在下一个财政年度前 6 个月提交申请。由于美国政府的财政年度从 10 月 1 日开始，所以申请可以在同年的 4 月 1 日提交。H-1B 身份（包括工作许可）于当年 10 月 1 日生效。不受限制的雇主可随时提交申请。对于新的 H-1B 申请人，H-1B 身份在申请获得批准后生效。

限额延期政策是为专业实习学生延长身份期限及工作授权期限，因为该学生申请本财政年度 10 月 1 日起开始工作，他就是及时提交 H-1B 申请书的受益人。若学生拒绝、否认或撤回提交的 H-1B 申请，身份和工作授权期限的延长将自动终止。然而，大多数 H-1B 申请人都受到上限限制，并且还有更多的人希望获得高于上限的 H-1B 身份。很多学生可能及时提交了 H-1B 申请，但未被 USCIS 抽签选中，最终无法延长身份和工作授权的期限。

（3）专业实习到期后的选择

由于有上限限制，所以无法轻松获得 H-1B 签证。如果专业实习即将在几个月内到期，下面列出了一些可能的方法，以增加获得 H-1B 的机会：

①从非营利或学术研究机构（比如大学）获得免上限 H-1B 工作签证。每年新签发的 H-1B 签证上限为65 000个，此外为获得高等学位（即硕士学位、博士学位）的人额外签发20 000个签证。这些限制称为 H-1B 上限，到达签证上限后，USCIS 拒绝超上限申请。近几年来，由于在第一个可申请日就收到了超过65 000个合格 H-1B 申请，所以 USCIS 制定了一个"抽签"制度来接受申请。未被抽签系统抽到的申请则无法获得 H-1B。

②获得硕士、工商管理硕士或博士学位。专业实习可在任何年级申请。所以可以在完成 4～5 年的大学学业后，做 1 年专业实习；读研究生并在一年半内获得硕士学位，然后做 1 年专业实习（如果获得了 STEM 科目的专业延期，那么可以做更长时间）；如果继续读博士学位，那么在此之后可以再做一个专业实习，大概 3 年的时间，之后才需要关心申请 H-1B 签证的事。在学校或专业实习花的时间一共长达 10 年或更久。

③创办公司，获得资金和 H-1B 签证。在另一家公司的担保下获得 H-1B 签证的学生可以开始自己创业。一旦公司启动，就可以从拥有的股票中获得股息（成为控股股东），但你只是一个被动投资人，对公司没有经营控制权。这意味着只要处于持 H-1B 签证的状态，就必须拥有能够经营管理公司的合作伙伴。

④读研究生。通过申请并获得读硕士或 MBA 课程的机会，基本上可以延长 F-1 签证身份。硕士课程通常 1.5～2 年。然后可以做另一个专业实习，专业实习即将结束时，申请从 F-1 转到 H-1B 签证。

二、在中国求职

如果打算回中国找工作并开始事业，你可能已经有了一些想法。首先，可能有家人、朋友或其他帮你找到工作，这很常见。其次，你可能已经准备考公务员，虽然这份工作薪水不高，但安全稳定，并且有一定社会地位。很多政府工作需要双语能力和跨文化理解能力。但是进入政府工作很困难，因为竞争异常激烈，申请人数远远多于岗位需求。最后也是最困难的一个选择，就是进入开放就业市场,并与数以百万计的应届大学毕业生同台竞争,其中包括海归和中国大学毕业生。如果认为和中国大学毕业生相比,拥有美国大学文凭会更加有利,那么你可能需要改变想法。中国雇佣情况研究表明,80%的雇主认为外国文凭不一定会让求职者更符合需求;此外,97%的雇主认为,相比于在国内读大学的学生,留学归来的学生的英文并没有好多少。[①] 这些人也被称为"海带"。

1.招聘周期

很多人找不到工作,不是因为他们自身不够格,而是因为他们选择在错误的时间申请工作(通常太晚)。要得到最好的工作机会,必须在正确的时间递交申请。要知道什么时候是申请工作的最佳时机,首先要了解招聘周期。招聘周期的意思是,每年都有一段时间提供招聘职位的公司不多,而在其他时期招聘的公司很多。为了获得最好的机会,要准备好在招聘周期的高峰初期申请工作。我们来看看中国应届毕业生的招聘周期。

在中国,每年公司招聘应届毕业生主要集中在两个时期:第一个时期是11—12月,第二个时期是3—7月。如图12-1所示。

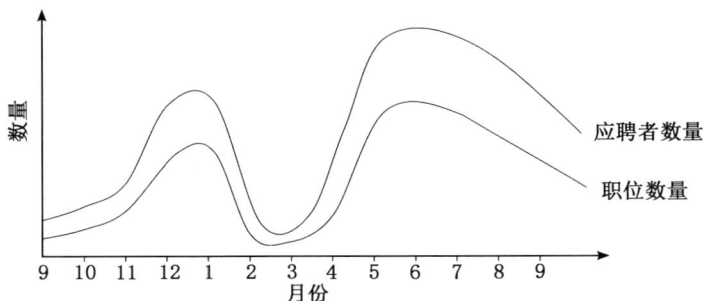

图 12-1 招聘周期

从图 12-1 中可以看出,第二个招聘时期的峰值更高,持续时间更长——更多公司在3—7月期间进行招聘。也许你认为这是申请工作的最佳时机。事实并非如此。实际上,在第一个招聘时期申请有更多的优势,虽然时间较短(只有2个月或更短),而且公司较少。以下部分将更详细地解释每个招聘期的优缺点。

(1)11—12月招聘高峰期

---

① 来自 McKinsey(麦肯锡)的研究。

在 11—12 月的第一次招聘高峰期,很多公司招聘员工以便农历新年后就开始工作。很多学生会找工作是因为很多大学鼓励甚至要求学生在毕业前的最后一个学期进行社会实践,从而获得一些经验。通常,这些社会实践会成为学生毕业后的全职工作。越来越多的公司将这些社会实践视为新员工的试用期。因此,学生将会工作 2~3 个月,也就是从 3 月到 6 月,在 7 月初返回校园完成论文答辩和剩余考试,并参加毕业典礼。在这之后,他们将作为正式员工返回岗位。

这个招聘期有几个重要的优势。第一,尽管招聘时间比第二个时期短一些,但这些公司通常更好。为什么?首先,最好的公司希望比其他公司更早地聘用毕业生。它们知道越早招聘,招到最优秀人才的机会就越大。请记住,要从中国大学招聘最优秀的人才,各个公司之间也正在进行激烈的竞争。其次,规模较大的优质公司拥有更好的人力资源部门,会对新员工进行长期规划和培训,为了完成这一战略目标,因此先发制人,率先开始招聘。

这个招聘期的第二个重要优势是学生之间的竞争较少。在他们最后一年的秋季学期,很多学生还没有考虑找工作——他们认为距离毕业还有好几个月的时间,后面还有足够的时间找工作。此外,在秋季学期,学生仍有常规的课程安排,所以没有太多的空闲时间来找工作和参加面试。

还有第三个优势:如果在这段时间内申请,但没有找到工作,则还有第二个招聘期的机会。第二阶段可能会进行得更顺利,因为你在申请工作和面试方面已经积累了很好的经验。

总之,如果准备好在第一个招聘时期申请工作,你将拥有多重优势,即更好的公司和较少的竞争。越早越好——不要等待!

(2)3 月—7 月招聘高峰期

这是大多数公司和学生进入就业市场参与竞争的时期。招聘会成为成千上万名学生的战场,互联网充斥着数百万份简历。这很像"黄金周"假期赶火车一般——可能会发现自己被淹没在人群中,当最终登上火车时,如果能找到一个座位,那就算很幸运。然而对于漫漫旅途来说,座位又硬又不舒服。找工作也是一样。在此期间,你将很幸运地找到一份工作,但找到的工作可能远远低于你的期望值。原因如下:

首先,虽然在此期间招聘的公司比 11—12 月更多,但公司和职位的整体质量较低。也就是说,这是大多数中小型公司招聘的时间,而不是最大和最好的公司(它们已经完成招聘)。很多公司只是在寻找"廉价劳动力"——它们只想利用学生几个月的社会实践的时间,在此期间只给学生支付微薄的薪水,只给他们做少量的培训。

其次,这个招聘期的另一个缺点是工作竞争要激烈得多。这是更多学生申请职位的时期,因为现在他们已经意识到自己即将毕业,并突然意识到自己需要一份工作。在大多数大学里,这段时间学生没有课(他们在这段时间里参与社会实践),所以有时间找工作了。此外,有的学生正在寻找社会实践机会,还有很多学生在寻找毕业后的工作。在这段时间里,公司收到无数的学生申请,因此它们可能更加挑剔,给学生开出的薪水也可能更低。

所以如果等到4—7月才申请工作,结果不会很好:你会发现找到一份合适的工作比较困难(如果能找到的话),而且很可能工资和职位都低于预期。

TIP 10—11月期间开始找工作,不要等!

2.制定求职策略

要想充分利用招聘周期,就要制订长远计划并提前准备好所需材料和资源,也就是说,必须制定求职策略。由于第一个招聘期从11月开始,因此应在10月份之前准备好自我介绍、简历和求职信。例如,可以在暑假期间准备材料,并决定要申请的公司类型。10月到来时,你已经万事俱备!

3.分销渠道

在营销语言中,企业通过不同的分销渠道与客户联系。例如,戴尔公司使用互联网与其他公司联系并宣传和销售其产品。在就业市场上,主要有三个分销渠道与你的"客户"(雇主)进行联系:互联网、招聘会、人脉网。

为了尽可能增大获得好工作的概率,这三个"分销渠道"你都要使用。下面部分将阐释如何有效地运用互联网来找到工作。

(1)互联网网站

①专业求职招聘网站

A.智联招聘。智联招聘流量很大,雇主行业齐全,关注度高,与很多企业的校园招聘有密切的合作关系,很多公司通过智联招聘进行校招。且智联招聘开设了专门的校园招聘平台,资源相当丰富。缺点是雇主资源及质量一般,版面比较乱,让人眼花缭乱。[①]

B.前程无忧。前程无忧是中国具有广泛影响力的人力资源服务供应商,会提供简历模板、求职攻略及论坛等优质服务。流量及资源与智联招聘相差不多,但是主推互联网、金融、汽车、房地产四大板块,排版相对来说简洁很多,也设有校园招聘平台。

C.应届生求职网。该网站上优质资源很多,会比较贴合应届生的求职需求,是目前应届生求职最对口、信息最全面的网站。论坛上有很多笔试和面试经验,干货满满,强烈推荐应届生使用。

D.中华英才网。中华英才网号称国内最早、最专业的人才招聘网站之一。做的是垂直、专业的就业服务,网站排版也凸显出专业,还包括名企实习等内容。

E.大街网。这是一款基于年轻人的招聘平台,为年轻职场人匹配最佳工作机会,拓展职场人脉,提升职场价值。大街网页面十分简洁,内容十分优质,很少会有中介商、垃圾公司出现,整体来说力推。

F.海投网。海投网定位于高校毕业生,主要面对应届毕业生,推送内容比较精准,页面简洁,查找信息方便。校园招聘板块可以查询到很多大企业的宣讲会及校园招聘资源,是应届生比较好的选择之一。

H.拉勾网。拉勾网是国内权威的互联网招聘平台,做专业及垂直用户。在拉勾网,你可以和企业 CEO 面对面沟通,每一次投递都会收到企业的明确回应 。缺点是企业端反馈不是特别及时。

I.BOSS 直聘。BOSS 直聘是互联网招聘神器。优点是老板与求职者可以直接聊天,通过去除中间环节、"简历+行为数据匹配"等方式提升招聘找工作效率;另外,反馈会很及时。缺点是老板的素质不一,不同于专业的面试官,应聘者可能会被"误杀"。

J.上啥班 App。这是一款能够通过上传自己录制的视频作为简历的求职类 App,同时也整合了 BOSS 直聘的聊天功能,能够实时链接求职者和企业。目前的缺点是职位还偏少一些。

②各企业官方网站

一般大一点的企业都有自己的官网,在官网上可以很容易地找到"人才招

---

① 打不死的 little 强.应届生有哪些渠道找工作[EB/OL].https://www.zhihu.com/question/35122399/answer/182393785,2019-07-17.

聘"一栏,这里甚至有企业的校招计划及站点。如果目标很明确,那么最好的选择一定是官网。

（2）如何有效使用互联网

对于大多数应届毕业生来说,互联网是首选的"分销渠道"。毕竟,互联网方便省力,广受欢迎。足不出户就可以在全国（和全球）搜索职位,只需点击几下鼠标,即可将简历发送给很多公司。但是,很多人并没有有效利用互联网;很多人甚至是在滥用,这在很大程度上引起公司的不满。以下是关于互联网招聘的一些重要建议:

①很多工作不在互联网上发布。只有15％～20％的工作是通过互联网发布广告,而且主要是大中型公司。小公司没有发布广告的预算。

②互联网上的竞争（申请数量）很激烈。例如,智联招聘的五六千个广告位每周会收到30万份申请!

③很多招聘广告过期。在互联网上,公司必须购买固定期限的广告空间,例如3个月或6个月。因此,即使在两周内完成了某个职位的招聘,招聘广告仍会在数周内出现,这将使申请人错认为该职位仍有空缺。事实上,互联网上可能很多岗位已经招满了。

尽管互联网是寻找工作和申请工作的便利途径,但便利、便宜和快捷的同时也导致了盲目申请工作现象时有发生。事实上,网络空间低质量简历和申请已经泛滥。很多人——尤其是缺乏经验的年轻人——错误地认为,他们发送的简历和申请越多,面试机会就越多。但实际上,这种策略对求职者和雇主都是非常低效的,只是在浪费时间。如果自身条件不符合公司需要,发送5份简历和500份简历的结果是一样的:找到工作的概率为0。成功的关键是仔细研究招聘广告,并且只选择那些适合你的公司。

以下几条建议有利于我们充分利用互联网（并将自己的信息与所有垃圾信息区分开来）:

不要申请不符合条件的工作。

应届毕业生在求职中犯的最大的错误就是申请不符合条件的工作。事实上,有报告显示大约有85％的申请人不符合所申请工作的要求。很多人申请这份工作是因为他们喜欢这个工作地点或头衔,或者因为这是一家知名企业。很多人也相信申请得越多,工作机会就越多。这个想法不一定正确。如果条件不符合公司的要求,申请再多也无用。举个例子,成千上万的求职者会申请戴尔公司中国总部的经理职位,因为这个职位头衔好听,而且戴尔是坐落于大城市的全球性公司;但他们大部分人没有考虑该职位所需的经验、教育程度、技能等方面。不要浪费你自己和公司的时间去追逐不切实际的梦,要从实际出发。

TIP 在简历和求职信中使用关键词。

当将简历发送给公司时,你的目标是让自己的简历从成千上万个申请中脱颖而出。因此,要在简历中使用与招聘广告中相同的关键词。绝大多数简历是通过电脑扫描软件来查找关键词(例如"抗压能力""财务专家""学士学位")的,所以确保简历中包含这些词至关重要;否则,你的简历在有人阅读前就已经被公司过滤掉了。

TIP 投递中、英文简历。

通过投递中、英文简历,可以申请更多需要英文的工作。很多中国毕业生就算想找一份运用英语的工作也不准备英文简历。此外,英文简历不仅数量少,质量一般也不高(例如,没有关键词,很多语法和拼写错误)。所以如果有一份高质量的英文简历(还有一份很好的中文简历),在寻找英语相关工作时的竞争对手将会少很多。

TIP 申请最近一周发布的职位。

网上列出的很多岗位都是陈年广告——可能已经长达 1 年。所以请仔细阅读招聘广告上的发布日期,并尽快申请职位。因此,每隔几天就要查看一次互联网的招聘信息,而不是每个月查看一次。

TIP 不要单纯依靠互联网。

最后,请记住,互联网只是自我营销战略之一。为了找到最合适的工作,重要的是还要利用人脉、招聘会,通过拜访公司、打电话,甚至是老式的写信方式。通常后面这些方式会有助于你从其他求职者中脱颖而出,因为其他人通常太懒,除了在电脑和手机上操作不使用任何其他方法。